Peter Deicke & Petra Herrmann

Pferde sind die *besseren Menschen*
oder
Das ganze Leben ist ein Zirkus

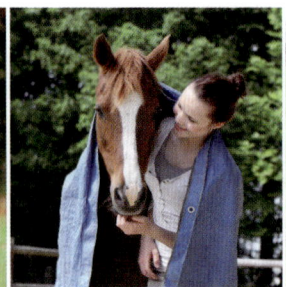

Inhalt

Vorwort	5
Pferdemenschen	
Über die Möglichkeit eines grenzenlosen Miteinanders	6
Den Tiger im Sattel - Raubtiere & Friedtiere	
Auswirkungen unserer Raubtiernatur. Über Lug, Betrug und Täuschung	8
„Gut, dass wir darüber geredet haben" – Kommunikation	
Damit unser Pferd mehr versteht als „Bahnhof". Über die Notwendigkeit „Pferdisch" zu lernen	22
Vom Leben im „Dschungel" – Angst	
Angst ist nicht gleich Angst. Über Plastikplanen und die Sorge um den Arbeitsplatz	30
Komm mir nicht zu nahe! Nähe und Distanz	
Vertrautheit oder Respektlosigkeit. Über Regeln für richtiges Kuscheln	36
Besser als jede Versicherung – Sicherheit und Schutz	
Der Mensch als Leitstute. Über Kompetenzen und Rangnähe	44

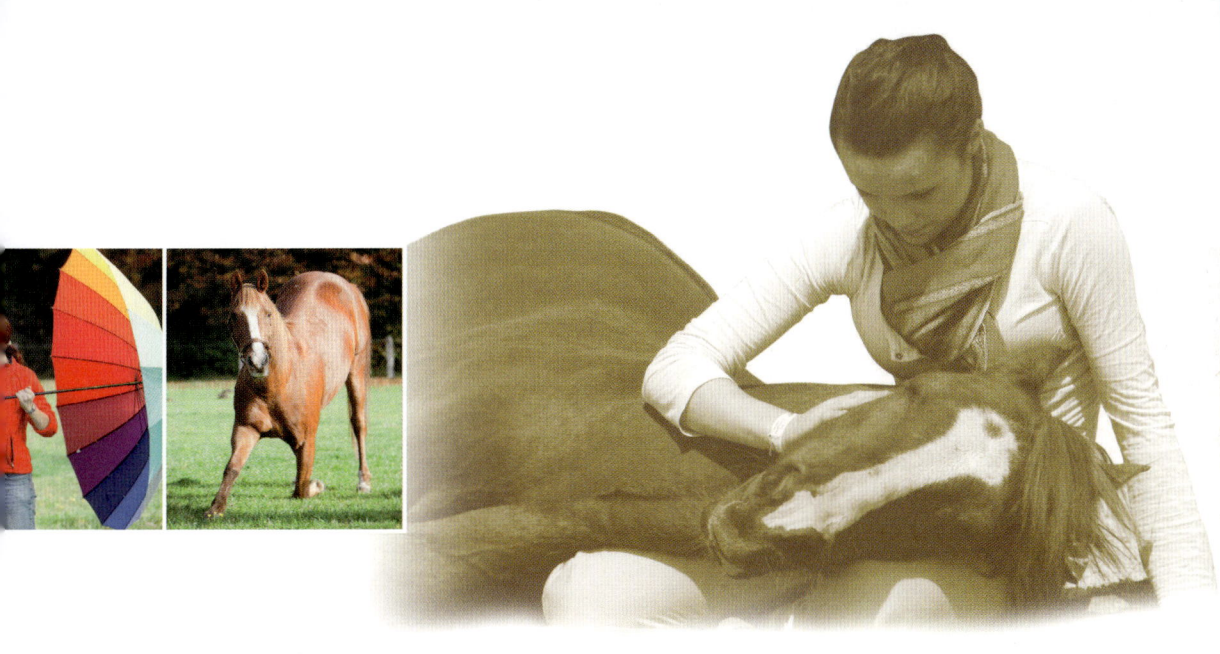

SCHNELLER, HÖHER, WEITER!? – ZIELSTREBIGKEIT UND EHRGEIZ
  Wider die Planlosigkeit. Über Zufriedenheit und Glück   60

LIEBE IST ... ZUWENDUNG UND ANERKENNUNG
  Ohne „Wenn und Aber". Über bedingungslose Anerkennung   70

ES LOHNT SICH! LERNEN
  Wider die Lernresistenz. Über richtige Lernmotivation   74

DAS LEBEN IST KEIN PONYHOF – KONFLIKTE
  Ich verstehe dich einfach nicht.
  Über die Not-Wendigkeit, den Standort zu wechseln   88

SIND PFERDE DIE BESSEREN MENSCHEN?   96

PETER DEICKE   98

PETRA HERRMANN   102

SCHLUSSWORT
  Auf geht's!   104

KLEINES LEXIKON DER FACHBEGRIFFE   106

VORWORT

Dies ist ein Buch aus der Praxis für die Praxis. Es enthält eigene Erfahrungen sowie die vieler Pferdemenschen aus der ganzen Welt. Ich würde mich freuen, wenn ich das eine oder andere „Aha-Erlebnis" auslösen könnte, wenn Sie neue Impulse bekämen, manches aus einer neuen Perspektive zu betrachten, und vielleicht sogar bereit wären, Ihre Einstellungen oder gar Ihr Verhalten zu ändern.

Ich vergleiche in diesem Buch Menschen mit Pferden. Das ist so, als vergliche man Äpfel mit Birnen. Im Vergleich werden Besonderheiten deutlich. Die Besonderheit des Menschen ist seine Fähigkeit, bewusste Entscheidungen treffen und willentlich Einfluss auf sein Verhalten nehmen zu können. Deshalb: Nutzen wir die Chance! Nehmen wir uns die Pferde zum Vorbild und werden wir immer mehr zum Friedtier.

Wenn Sie nach dem Lesen des Buches das Gefühl haben, dass es sich lohnen könnte, immer mehr zum Friedtier zu werden, würde ich mich riesig freuen.

PFERDEMENSCHEN:
Über die Möglichkeit eines grenzenlosen Miteinanders

Pferde sind die besseren Menschen, denn sie lügen, betrügen und täuschen nicht. Sie verändern nicht das Klima, führen keine Kriege, Mobbing ist ihnen fremd. Im Gegensatz dazu scheint vielen Politikern, Bänkern, Kaffeefahrtveranstaltern und Werbeproduzenten das Lügen, Betrügen und Täuschen derart in Fleisch und Blut übergegangen zu sein, dass sie gar nicht mehr anders können.

Sie sind weder Politiker, Bänker, Kaffeefahrtveranstalter oder Werbeproduzent – und wenn doch, dann bilden Sie die rühmliche Ausnahme. Sie lügen, betrügen und täuschen nicht. Sie sind noch nie mit einer Handvoll Futter auf die Pferdeweide gegangen und haben das Halfter hinter ihrem Rücken versteckt.

Pferde sind die besseren Menschen
PFERDEMENSCHEN

Pferde sind Friedtiere. Sie gehören als reine Pflanzenfresser nicht zur Gruppe der Raubtiere. Raubtiere müssen lügen, betrügen und täuschen. Sonst würden sie schlichtweg verhungern. Wir Menschen tragen beide Naturen in uns: die des Friedtieres und die des Raubtieres. Wir haben die Wahl: Wollen wir als Fried- oder als Raubtier agieren? Soviel steht fest: Wer wirklich gut mit Pferden umgehen möchte, der sollte versuchen, sich wie ein Pferd zu benehmen. Sollte es uns sogar gelingen, so zu fühlen wie ein Pferd, dann gibt es im Miteinander keine Grenzen mehr.

Aber auch im Umgang mit anderen Menschen und im Umgang mit uns selbst gewinnt unser Leben an Qualität, wenn wir darauf verzichten zu lügen, zu betrügen und zu täuschen. Geben wir dem Friedtier in uns eine Chance! Es lohnt sich! Es wäre schön, wenn der Begriff „Pferdemensch" für wirkliche Lebensqualität stünde.

Pferde flüstern.

Den Tiger im Sattel – Raubtiere & Friedtiere

Auswirkungen unserer Raubtiernatur
Über Lug, Betrug und Täuschung

RAUBTIERE
Warum sind Raubtiere so? Warum lügen, betrügen und täuschen sie?

Raubtiere sind Fleischfresser. Die Natur hat sie so geschaffen. Der erhobene Zeigefinger ist deshalb vollkommen überflüssig. Fleischfresser müssen ihre Beute täuschen, sonst würden sie elendig verhungern. Würde ein Wolf zum Rehlein gehen und sagen: „Hallo, liebes Rehlein, bleib bitte stehen. Ich möchte dich fressen." Dieser arme Kerl würde sicher des Hungertodes sterben. Vielmehr muss der Wolf seine Absicht verbergen. Er muss das Reh täuschen – ein Raubtier schleicht sich also an seine Beute unbemerkt heran – er tarnt seine Vorgehensweise, indem er mangelndes Interesse vortäuscht: „Liebes Rehlein; ich bin schon so satt, von mir geht keine Gefahr aus." Er täuscht das Reh, und im richtigen Moment schlägt er zu. Entweder überfallen Raubtiere ihre Beute blitzartig, wie beispielsweise Leoparden und Tiger, oder sie tun sich zusammen. Dann lauert ein Tier der Beute auf, andere hetzen es, und wenn die Beute am Ende ihrer Kräfte ist, schlagen sie zu. Auf diese Art und Weise jagen zum Beispiel Wölfe und Schakale.

Für Raubtiere ist ein Beutezug extrem gefährlich. Setzt sich ein Beutetier zur Wehr, sind Löwe, Tiger und Co. körperlich extrem gefährdet. Deshalb gehen Raubtiere sehr vorsichtig vor. Beutezüge werden so effektiv, aber auch so energiesparend wie möglich gestaltet. Wenn man diese Vorgehensweise vermenschlicht, würde man sagen, Raubtiere sind feige. Ließe sich ein Tiger mit einem verteidigungsbereiten Büffel ein, dann wäre das Risiko sehr hoch, dass der Tiger sich dabei verletzen würde. Ein verletzter Tiger ist schnell ein toter Tiger. Dieses Risiko wird ein Raubtier folglich nicht eingehen. Nur in Gruppen lebende Raubtiere haben eventuell eine Chance, mit einer Behinderung eine Zeit lang überleben zu können.

FRIEDTIERE
Lügen, betrügen und täuschen haben Pferde nicht nötig.

Gras kann nicht flüchten und sich nicht verstecken. Es ist auch nicht wehrhaft. Deshalb ist Pferden von Natur aus die Technik des Lügens, Betrügens und Täuschens völlig fremd. Pferde sind von Natur aus ehrlich.

ZWITTERWESEN
Menschen sind potenzielle Raubtiere.

Zu unserer Natur gehört es zu lügen, zu betrügen und zu täuschen; und feige sind wir auch. Keine besonders schöne Erkenntnis! Doch das Schöne ist: Wir haben die Wahl. Wir sind keine reinen Fleischfresser wie Löwe, Tiger und Co; allerdings auch keine reinen Pflanzenfresser wie Pferde. Wir gehören zu den Allesfressern wie unsere lieben nahen Verwandten, die Schweine. Unsere körperliche Ausstattung lässt sich am besten mit mangelhaft beurteilen. Wir haben kümmerliche, degenerierte Klauen und Zähne und ein lächerliches Haarkleid. Zum Ausgleich haben wir einen überdimensionierten, kugeligen Kopf mit einem extra großen Gehirn. Dieses Hirn befähigt uns dazu, unsere mangelhafte Ausstattung durch Erfindungsgabe, List und Tücke auszugleichen. So ist es dem Menschen gelungen, sich die unterschiedlichsten und extremsten Lebensräume zu erschließen. Der Mensch ist ungeheuer anpassungsfähig. Unser Größenwahn führt jedoch auch dazu, dass uns unsere Erfindungsgabe, List und Tücke an den Rand des Abgrunds bringt. Wir erfinden nicht beherrschbare Waffensysteme, greifen in das Klima ein, verbreiten unheilbare Krankheiten und gewinnen Energie aus Techniken, deren Risiken wir nicht überblicken können. Unser Größenwahn ist Schuld an der vorgerückten Uhrzeit. Es ist fünf vor zwölf.

Ein alter Indianer saß mit seinem Enkelsohn am Lagerfeuer. Es war schon dunkel geworden und das Feuer knackte, während die Flammen in den Himmel züngelten.

Der Alte sagte nach einer Weile des Schweigens: „Weißt du, wie ich mich manchmal fühle? Es ist, als ob da zwei Wölfe in meinem Herzen miteinander kämpfen würden. Einer der beiden ist rachsüchtig, aggressiv und grausam. Der andere hingegen ist liebevoll, sanft und mitfühlend."

„Welcher der beiden wird den Kampf um dein Herz gewinnen?" fragte der Junge.

„Der Wolf, den ich füttere", antwortete der Alte.

Autor unbekannt

MENSCHLICHES RAUBTIERVERHALTEN
Wann benehmen wir uns wie ein Raubtier?

Raubtiere flößen Pferden Angst ein. Sie sind ihre natürlichen Feinde, die ihnen nach dem Leben trachten, um sie zu fressen. Wenn wir uns wie ein Raubtier verhalten, dann bekommen Pferde Angst. Sie werden unruhig und versuchen eventuell sogar, die Flucht zu ergreifen. Auf jeden Fall fühlen sie sich in Gegenwart eines Raubtieres nicht wohl. Kein Pferd schenkt einem Raubtier sein Vertrauen. Zudem wird es beim Zusammensein mit uns nichts lernen, denn Angst und Lernen schließen einander aus. Ich behaupte sogar: Angst und wirkliche Kommunikation schließen einander aus.

Niemand von uns trachtet seinem Pferd wirklich nach dem Leben und möchte es gar verspeisen. Um menschliches Raubtierverhalten zu erkennen, muss man genauer hinschauen.

Alle kennen folgende Situation: Das Pferd steht genau dort, wo Sie entlang gehen möchten. Sie schieben das Pferd mit gleichbleibendem Druck zur Seite, bis Sie genügend Platz zum Passieren haben. Das sanfte Zurseiteschieben erscheint Ihnen

für das Pferd angenehmer, als es kurz und klar zum Weichen aufzufordern. Das ist gut gemeint, aber das Pferd versteht die Situation anders.

Die Situation auf „Pferdisch": In der Pferdeherde herrscht eine klare Rangordnung. Rangniedrigen Pferde weichen ranghöheren sofort aus, wenn diese den Raum für sich in Anspruch nehmen. Dazu üben die ranghöheren Druck aus. Sie legen die Ohren an, drohen zu beißen, heben das Hinterbein, und notfalls kommen Hufe und Zähne zum Einsatz. Aber: Sobald das rangniedrigere Pferd dem Druck weicht, nimmt das ranghöhere den Druck unverzüglich weg. Dauerdruck kommt im Pferdeverhalten nicht vor.

Zurück zur Situation: Schieben ist ein Dauerdruck und wird von Pferden nicht verstanden.

Dauerdruck oder gar ein Verstärken des Drucks, wenn das Gegenüber weicht, ist typisches Raubtierverhalten. Sobald ein Beutetier weicht, um die Distanz zu vergrößern, setzt das Raubtier zum Sprung oder zur Jagd an. Der Druck lässt erst nach, wenn das Beutetier erlegt ist.

RAUBTIERE IM SATTEL
Druck lass nach.

Eine weitere typische Situation: Sie sitzen im Sattel und möchten, dass sich Ihr Pferd in Bewegung setzt. Dazu geben Sie dem Pferd einen Schenkeldruck. Dieser Druck ist völlig legitim und wird vom Pferd auch verstanden. Problematisch wird die Situation für das Pferd dann, wenn der Schenkeldruck nicht weggenommen wird, sobald es den ersten Schritt nach vorn gemacht hat. Das Pferd weicht dem Druck, aber der Druck bleibt. Nach seiner Sichtweise hat es ein Raubtier auf seinem Rücken.

Genauso verhält es sich beim Durchparieren. Sie möchten anhalten und nehmen die Zügel an. Das Pferd empfindet Druck im Maul. Das ist in Ordnung; doch sobald

Pferde sind die besseren Menschen
DEN TIGER IM SATTEL – RAUBTIERE & FRIEDTIERE

das Pferd die gewünschte Reaktion zeigt, muss der Druck augenblicklich genommen werden. Sonst wird der Reiter zum Tiger, Löwen oder Jaguar.

Wenn man unter diesem Aspekt verschiedene Reitweisen betrachtet, ist schnell klar, welche Reitweisen vom Pferd instinktiv verstanden werden und welche nicht.

Unsere Hauspferde sind seit Tausenden von Jahren domestiziert. Alle Pferde, die sich extrem gegen nicht pferdegemäße Behandlung gewehrt haben, sind bereits vor langer Zeit selektiert worden. Die meisten unserer Pferde kommen gar nicht mehr auf die Idee, sich zu wehren. Ihnen bleibt nur zu resignieren. Ein Blick in die Augen dieser Pferde räumt alle Zweifel aus dem Weg: Es ist an der Zeit, dass wir lernen, immer mehr „zum Pferd zu werden". Reitmethoden, bei denen Pferde permanent am Zügel und an den Hilfen stehen, sind weder von Pferden noch von den Reitern über einen längeren Zeitraum durchzuhalten. Dauerdruck durch permanenten Zügeleinsatz und treibende Schenkel – und dies häufig auch noch beides gleichzeitig – ist für Pferde unverständlich, lässt sie abstumpfen und resignieren.

Alle Völker, die Pferde zur längeren Arbeit einsetzen, und auch früher unsere Kavallerie beim Kampagnereiten, nutzen die Impulsreiterei. Unter Impulsreiterei

Pferde sind die besseren Menschen

DEN TIGER IM SATTEL – RAUBTIERE & FRIEDTIERE

versteht man Reitweisen, die Hilfen so dezent wie möglich setzen und unverzüglich einstellen, sobald das Pferd das Gewünschte zeigt.

Selbstverständlich darf auch das Equipment keinen Druck ausüben. Ein unpassender Sattel, ein zu stramm gezogener Nasen- und Sperrriemen, ein zu fester Sattelgurt und ein unpassendes Gebiss üben auf das Pferd permanenten Druck aus. Es empfindet Schmerz, Angst und Stress.

Es gibt Berichte aus den letzten beiden Weltkriegen, dass Pferde, deren Verletzungen im Lazarett erfolgreich behandelt wurden, sofort wieder Lahmheiten zeigten, sobald sie den Gefechtslärm hörten. Für die Lahmheit ließ sich kein klinischer Befund finden. Inwieweit es sich hier um gezielte Täuschungsmanöver handelt, kann ich nicht beurteilen. Die Situation von Pferden im Krieg ist sicherlich eine außergewöhnliche, die zur berühmten „Ausnahme der Regel" führen kann. Ich

So nicht!!!

persönlich habe bei meiner Arbeit mit Pferden – und ich habe mittlerweile mit vielen hundert verschiedenen Pferden gearbeitet – nicht einen Fall erlebt, in dem ein Pferd Täuschungsabsichten gezeigt hat.

Ich frage mich jedoch, warum sich Pferde den gewaltsamen Trainingsmethoden, mit denen sie zu Höchstleistungen gebracht werden sollen, nicht durch vorgetäuschte Lahmheiten entziehen. Trainingsmethoden wie Barren, Rollkur (sie wird auch nicht pferdegerechter, wenn man es „Low, deep and round" nennt), durchblutungsfördernde Salben, Gewichte an den Beinen oder diverse andere Hilfsmittel und -zügel sind schlichtweg Tierquälerei.

HOMO HOMINI LUPUS – DER MENSCH IST DEM MENSCH EIN WOLF (THOMAS HOBBES)
Raubtierverhalten im „Menschenrudel"

Diese Frage bietet an sich Stoff für ein eigenes Buch. Jeden Morgen finden wir in der Tageszeitung unzählige Beispiele für menschliches Raubtierverhalten. Im Wirtschaftsleben ist es gang und gäbe, dass Konkurrenz absichtlich vernichtet wird. Kapitalismus ist Raubtierverhalten pur. Ein einzelner Feldherr, der für den Tod zahlreicher Menschen verantwortlich ist, bekommt mehr Denkmäler gesetzt, als es Gandhi, Martin Luther King, die Geschwister Scholl oder für Franz von Assisi zusammen gibt. Steuerhinterziehung wird als Kavaliersdelikt betrachtet. Wer korrekt seine Abgaben zahlt, gilt als Idiot. Wer lügt, betrügt und täuscht, der hat verstanden, worum es im Leben geht, der weiß, „wie der Hase läuft". Der Ehrliche hat es noch nicht „gerafft", er ist naiv und weltfremd. Der Wert eines Menschen richtet sich nach „mein Haus, mein Boot, mein Pferd". Das suggeriert uns nicht nur die Werbung.

Lügen, betrügen und täuschen macht auch vor unserem Privatleben nicht halt. Wenn wir uns eine Zeit lang unser Raubtierverhalten bewusst machen, kommen wir zu erschreckenden Erkenntnissen: Wir versichern unserer Freundin, ihre Frisur sehe klasse aus, obwohl wir sie scheußlich finden; wir schummeln bei Prüfungen; wir gehen fremd; wir nennen ein falsches Alter, um älter oder jünger zu wirken; wir wimmeln die Nachbarin ab, indem wir behaupten, keine Zeit zu haben; wir melden uns krank, wenn wir mit unseren Arbeitsanforderungen nicht fertig werden. Die Liste lässt sich unendlich fortführen.

Unsere Raubtiernatur zu leugnen, hilft nicht weiter. Wenn wir uns ändern wollen, kommen wir nicht umhin, unsere Raubtiernatur anzuerkennen und in den Blick zu nehmen. Nur so kann es uns gelingen, immer mehr „zum Friedtier zu werden".

LEIDER MEHR ALS EIN NEUMODISCHES SCHLAGWORT
Mobbing

Mobbing ist in aller Munde. Mobbing ist Pferden völlig fremd. Es handelt sich um ein typisches Raubtierverhalten. Ein Raubtier oder eine Gruppe von Raubtieren sucht sich ein möglichst junges, altes oder krankes Opfer und fängt an, Druck aufzubauen. Dieser Druck wird verstärkt, sobald das Opfer weicht. Raubtiere setzen so lange und so energisch nach, bis das Opfer vernichtet ist. Für „Raubtier" kann hier „Mensch" eingesetzt werden. Menschen üben Mobbing allerdings innerhalb der eigenen Art aus. Es spielt keine Rolle, ob Druck physisch (wie beispielsweise bei den vermehrt auftretenden Fällen von Überfällen in S- und U-Bahnen) oder psychisch (wie in den meisten Klassenzimmern) ausgeübt wird. Jedem Mobbingopfer kann man nur raten, nicht zu weichen, sondern dem Druck unbedingt standzuhalten. Selbstbehauptungs- und Selbstverteidigungskurse sind folglich ein „Muss", genauso wichtig wie Lesen- und Schreibenlernen. Zusätzlich sollte sich ein Mobbingopfer auf die Suche nach Verbündeten machen. Wehrhafte Beute wird von Raubtieren nur angefallen, wenn es dazu keine Alternative gibt. Raubtiere sind – vermenschlicht ausgedrückt – feige.

Pferde sind die besseren Menschen

DEN TIGER IM SATTEL – RAUBTIERE & FRIEDTIERE

FRIEDLICH
Aber nicht wehrlos

An dieser Stelle sei betont: Friedtiere, also Pferde, sind wehrhaft. Der Begriff „Friedtier" darf auf keinen Fall so verstanden werden, dass Friedtiere, um des lieben Friedens willen, alles hinnehmen müssen. Pferde lassen sich nicht alles gefallen. Jedes Lebewesen – gleich ob Tier, Mensch oder Pflanze – besitzt ein gewisses Aggressionspotenzial. Es dient dazu, das eigene Leben zu schützen. Auch wir Menschen müssen uns als „Friedtier" nicht alles gefallen lassen. Wir Menschen haben jederzeit das Recht uns zu verteidigen! Oft reicht allein die mutige Entschlossenheit, um anderen zu signalisieren: Mit uns nicht! Diese mutige Entschlossenheit ist erlernbar! Wir können beispielsweise unsere Schlagfertigkeit trainieren und unsere Körperhaltung schulen. Wagen wir uns jeden Tag an kleine Herausforderungen heran und meistern diese mit Erfolg, so werden wir jeden Tag ein wenig mutiger. Und: Achten wir in der Erziehung von Kindern darauf, ihnen Ängste zu nehmen und ihren Mut zu stärken! Bei einem Gewitter beispielsweise sollten Eltern besser nicht den Notfallkoffer packen, sondern sich mit dem Kind zusammen an den wunderschönen Mustern der Blitze erfreuen.

Auch mit unseren Pferden sollten wir uns an Herausforderungen wagen. Es lohnt sich, regelmäßig den sicheren Raum der Reithalle zu verlassen und sich mit seinem Pferd in die freie Natur zu begeben. Meistern wir Begegnungen mit Plastiktüten, Treckern, Hunden und Kindergruppen, so werden Pferde mutiger und selbstsicherer – und wir auch. Das wirkt sich positiv auf die Beziehung aus. Unser Pferd lernt, dass es sich auf uns verlassen kann. Wir beschützen es vor auffliegenden Tüten, knatternden Treckern, bellenden Hunden und lärmenden Kindergruppen. Unser Pferd kann sich auf uns verlassen. Gemeinsam überstandene neue Situationen machen mutig und verbinden. Wir sollten uns bemühen, unserem Pferd regelmäßig neue Situationen zu verschaffen. Durchbrechen wir die Routine und

Pferde sind die besseren Menschen
DEN TIGER IM SATTEL – RAUBTIERE & FRIEDTIERE

Der Mensch stellt sich zwischen Gefahr und Pferd.

reiten wir nicht wie gewohnt von A nach B, sondern zur Abwechslung von B nach A. Häufige Ortswechsel sind eine Methode, durch die zum Beispiel beim Anwerben von Agenten Vertrauen aufgebaut wird. Achtung: Bevor wir uns mit unserem Pferd in (vermeintlich) gefährliche Situationen begeben, machen wir uns vorher schlau, machen wir uns vorher einen Plan A und B. Wir treffen Sicherheitsvorkehrungen, tragen beispielsweise Handschuhe, feste Schuhe und Reithelm, wir stehen stets zwischen Gefahr und Pferd und führen das Pferd mit einem langen Strick. Wir müssen uns sicher sein, die Situation souverän bewältigen zu können. Sonst erreichen wir das Gegenteil von dem, was wir wünschen: Wir enttäuschen unser Pferd und verlieren sein Vertrauen.

ES GEHT NICHT OHNE

Auch in einer Pferdeherde wird mit Druck gearbeitet. Ein ranghohes Pferd macht dem rangniedrigeren Druck, wenn es ihm im Weg steht. Doch dieser Druck lässt augenblicklich nach, wenn das rangniedrigere Pferd weicht. Dauerdruck gibt es in einer Pferdeherde nicht. In einem Raubtierrudel stellt das Leittier den Druck unmittelbar ein, wenn das andere Tier Demuts- und Unterwerfungsgesten zeigt. Auch wir Menschen müssen Druck ausüben: Beispielsweise in der Erziehung oder zur Regelung von Arbeitsprozessen. Ein Miteinander ohne Druckausübung kann es nicht geben. Aber: Damit aus Druck nicht Mobbing wird, sollten wir darauf achten, den Druck sofort zu nehmen, sobald sich unser Gegenüber in die gewünschte Richtung bewegt. Das heißt konkret: Sobald das Kind sich an den Schreibtisch setzt, um die Hausaufgaben zu machen, sind die Eltern sofort wieder freundlich;

Druck ist legal.

sobald der Arbeitnehmer sich daran macht, die ihm aufgetragene Aufgabe zu erledigen, lächelt der Chef ihn an; sobald der Mann sich mit den Flaschen auf den Weg zum Leergutcontainer macht, hat seine Frau augenblicklich wieder gute Laune.

An dieser Stelle noch ein kleiner Hinweis: Pferde üben nur so viel Druck aus wie eben nötig. Oft reicht ein leichtes Anlegen der Ohren aus, um das gewünschte Verhalten bei den anderen Herdenmitgliedern zu erzielen. Wir Menschen haben einen Hang zu Übertreibungen. Wir schießen manchmal mit Kanonen auf Spatzen. Das Prinzip „So wenig wie möglich, aber so viel wie nötig" verhilft zu einem harmonischeren Miteinander; lässt uns den Pferden ein wenig ähnlicher werden.

DIE JAGD NACH DEM SÜNDENBOCK

Auch in manchen Raubtiergruppen gibt es „Mobbing". Es ist zu beobachten, dass bei zunehmender Gruppengröße, einzelne Tiere – meist die Schwächsten – ausgesondert werden. Diese Aussonderung bedeutet für das einzelne Tier den sicheren Tod. Mit zunehmender Gruppengröße werden die Ressourcen im eigenen Gebiet knapp. Die Gruppengröße muss den Ressourcen angepasst sein. Es ist interessant zu beobachten, dass die Wahrscheinlichkeit des Mobbings mit der Größe der Gruppe ansteigt. In menschlichen Gruppen mit bis zu zwanzig Mitgliedern findet Mobbing so gut wie gar nicht statt. Diese Beobachtung sollte in der Diskussion um die optimale Schülerzahl in Lerngruppen Beachtung finden.

Bei Menschen führt Ressourcenknappheit zum Sündenbockphänomen. Sieht eine Gruppe von Menschen die Befriedigung ihrer Bedürfnisse in Gefahr, macht sie sich auf die Suche nach einem Schuldigen: mal sind es Juden, mal Ausländer, mal Homosexuelle. Es sind stets Menschen, die mit ihren politischen, religiösen, sexuellen Einstellungen von der Norm abweichen. Es reicht manchmal bereits aus, wenn sich Menschen in ihrem Äußeren von der Masse unterscheiden. Ob der gefundene Sündenbock tatsächlich verantwortlich für knappe Lebensmittel, Arbeitslosigkeit, unfreiwilliges Singledasein oder eine schlechte Wohnsituation ist, spielt keine Rolle. Er wird geopfert. Dann herrscht zunächst einmal Frieden. Allerdings währt dieser in der Regel nicht lange. Das „Spiel" beginnt von Neuem. Ein neues Opfer wird gesucht und gefunden.

Auch einzelne Menschen machen sich auf die Suche nach Sündenböcken. Es muss doch jemanden geben, der verantwortlich ist für die ausbleibende Gehaltserhöhung, das Durcheinander im Haushalt, die schlechten Schulleistungen der Kinder oder die sich einstellende Langeweile am Wochenende. Der Sündenbock ist in der Regel schnell gefunden: Schuld an der Misere ist der verständnislose Ehepartner, der missgelaunte Chef, der pubertierende Sohn oder die arbeitsscheue Sachbearbeiterin. Und zudem steht fest: Wir selbst können für die Misere nichts – wir können sie auch nicht ändern.

Solange wir die Suche nach Sündenböcken nicht einstellen und uns an die eigene Nase fassen, wird sich an unserer Situation nichts ändern.

„Ja, teurer Freund, du hast sehr recht:
Die Welt ist ganz erbärmlich schlecht,
ein jeder Mensch ein Bösewicht.
Nur du und ich natürlich nicht."

Paul Baehr

„Gut, dass wir darüber geredet haben" – Kommunikation

Damit unser Pferd mehr versteht als „Bahnhof"
Über die Notwendigkeit „Pferdisch" zu lernen

วันดี! คุณเป็นอย่างไรบ้าง

Wahrscheinlich verstehen Sie nur „Bahnhof". Die uns wie Hieroglyphen erscheinenden Zeichen bedeuten: „Guten Tag. Wie geht es?" In Thailand versteht sie jedes Kind.

Unseren Pferden geht es in vielen Situationen wahrscheinlich ähnlich. Wenn wir zu ihnen auf die Weide kommen und sie freundlich mit: „Na, mein Kleiner! Alles gut? Komm mal mit; wir gehen jetzt gleich schön ausreiten" begrüßen, verstehen Pferde auch nur: วันดี! คุณเป็นอย่างไรบ้าง, nämlich „Bahnhof".

WIE BITTE?

Wir Menschen teilen uns durch Worte mit. Der aktive Wortschatz eines Deutschen schwankt, je nach Bildungsgrad, zwischen dreitausend und über zehntausend Worten. Wir teilen damit Fakten, Gefühle und Wünsche mit. Dank moderner Kommunikationstechnik kann sich unser Gesprächspartner am anderen Ende der

Pferde sind die besseren Menschen

„GUT, DASS WIR DARÜBER GEREDET HABEN" – KOMMUNIKATION

Welt befinden. Wir können uns mit Worten mündlich, fernmündlich und schriftlich austauschen. Dabei gehen wir davon aus, dass wir von unserem Gesprächspartner verstanden werden. Doch so einfach ist Kommunikation leider nicht.

Zum wirklichen Verstehen gehören die Bereitschaft und die Fähigkeit zu verstehen. Menschen mit vergleichbarem Bildungsgrad, kulturellem Hintergrund, ähnlichen Ansichten und Erfahrungen fällt es leichter, sich zu verstehen. Es ist zu beobachten, dass Gruppierungen eine eigene Sprache entwickeln. Nicht nur Ärzte, Jäger und Angler reden Latein: Auch die Pferdewelt ist voll von Begriffen, die nur „Insider" verstehen. Wenn sich „Pferde aufs Gebiss legen", „mit der Hinterhand nicht nachkommen", „bügeln" oder „sich verwerfen", dann kann uns unser Gesprächspartner nur folgen, wenn er selber Pferdefachmann ist. Wir sollten in Gesprächen stets darauf achten, mit unserem „Latein", unserem „Fachchinesisch" keinen Menschen auszugrenzen. Es ist doch besser, wenn alle Gesprächsbeteiligten wissen, worum es geht und alle zum Gelingen der Kommunikation beitragen können.

Bügeln

Pferde sind die besseren Menschen
„GUT, DASS WIR DARÜBER GEREDET HABEN" – KOMMUNIKATION

Belauschen wir eine Pferdeherde, dann hören wir meist: Nichts. Pferde verständigen sich in aller Regel nicht lautsprachlich. Pferde haben etwa zehn verschiedene Lautäußerungen. Das hat seinen guten Grund: Für Pferde wäre es gefährlich, lautsprachlich zu kommunizieren. Raubtiere würden so schnell auf sie aufmerksam.

Die Chance, dass wir วันดี! คุณเป็นอย่างไรบ้าง verstehen, ist deutlich höher als die Wahrscheinlichkeit, dass ein Pferd unsere Begrüßungsansprache versteht. Menschen sind in der Lage, Fremdsprachen zu erlernen. Aber glauben wir wirklich, dass Pferde in der Lage sind, Deutsch, Englisch, Spanisch oder welche Sprache auch immer zu lernen? Es ist Erfolg versprechender, wenn *wir* uns daran machen, „Pferdisch" zu lernen.

Pferde kommunizieren körpersprachlich. Jedes kleinste Ohranlegen oder Beinheben der Leitstute wird von jedem Herdenmitglied sofort registriert und verstanden. Wenn wir möchten, dass Pferde uns verstehen, dann müssen wir ihre Sprache lernen. Wir Menschen tun uns aufgrund unserer Raubtiernatur schwer damit, „Pferdisch" zu lernen. Es ist Teil unserer Natur, zu lügen, zu betrügen und zu täuschen. Nun ist es aber extrem schwer, körpersprachlich zu lügen, zu betrügen und zu täuschen. Dazu braucht man großes schauspielerisches Talent. Pferde durchschauen unsere körpersprachlichen Lügen, unseren körpersprachlichen Betrug und reagieren dementsprechend. Wir können Pferden nicht so ohne Weiteres vorgaukeln, wir seien angstfrei und mutig. Bereits unser erhöhter Herzschlag verrät uns.

Auch in zwischenmenschlicher Kommunikation ist Körpersprache und der Klang meiner Stimme von großer Bedeutung. Menschen reagieren zu 55 % auf Körpersprache, zu 38 % auf den Klang der Stimme und lediglich zu 7 % auf den Inhalt der Worte. Einem Pferd sind selbst die 7 % gleichgültig.

Wir sind uns dennoch sicher: Unsere Pferde verstehen jedes Wort. Auch wenn diese Annahme sicherlich nicht der Realität entspricht, sie tut uns einfach gut. Das vermeintliche Verständnis liegt daran, dass wir mit lautsprachlichen Äußerungen automatisch auch körpersprachlich kommunizieren. Wir verbinden unsere Worte

Pferde sind die besseren Menschen

„GUT, DASS WIR DARÜBER GEREDET HABEN" – KOMMUNIKATION

automatisch mit Gesten, unser Sprechen wird stets körpersprachlich begleitet. Sagen wir „Ja", neigen wir dabei leicht den Kopf, unser „Nein" wird mit einem Schütteln des Kopfes begleitet. Diese Gesten können ganz leicht, fast unsichtbar sein, sie werden vom Pferd trotzdem wahrgenommen.

Pferde haben es, was ihre Körpersprache angeht, einfacher als wir Menschen. Ein Norweger versteht einen Araber, ein Mongolenpony den Westfalen und ein Marwaripferd den Isländer. Pferdesprache ist wahrlich eine Weltsprache.

Pferdesprache ist international.

Wir Menschen haben es nicht ganz so einfach. Unsere Körpersprache unterliegt kulturellen Unterschieden. In Bulgarien wird „Nein" körpersprachlich mit der Geste des Kopfhebens und -senkens begleitet. Unser „Ja" drücken wir mit Kopf senken und -heben aus. Die Gesten sind sich sehr ähnlich, vor allem in der Wiederholung. Und doch bezeichnen sie genau Gegenteiliges. Eine Verwechslung zieht auf jeden Fall Verwirrung nach sich, wenn nicht gar Schlimmeres.

ICH KANN DICH NICHT VERSTEHEN
Kommunikationsprobleme im Alltag

Ein typisches Beispiel für Kommunikationsprobleme zwischen Mensch und Pferd ist das Verladen! Sie möchten mit Ihrem Pferd zum Turnier, zum Tierarzt, zum Lehrgang oder in den Urlaub. Dazu muss das Pferd in den Anhänger. Nicht selten läuft das Ganze wie folgt ab: Ein Mensch zieht das Pferd vorne am Strick, lächelt aufmunternd, weitere Helfer wedeln hinter dem Pferd mit Besen oder Gerten, und noch weitere Helfer versuchen, das Pferd mit Hilfe von Longen auf den Hänger zu schieben. Das Pferd ist sich sicher: Es ist in ein Rudel Raubtiere geraten. Sein letztes Stündchen ist nahe. Es würde wahrscheinlich gerne nach vorn in den Hänger flüchten. Doch da, wo es hin möchte (und ja auch hin soll), steht ein Mensch und schaut ihm direkt in die Augen. In der Regel ist ein „Sich-in-die-Augen-sehen" das Vorspiel zu einer körperlichen Auseinandersetzung. Nur Liebende können sich gänzlich frei von jeder Aggression stundenlang in die Augen schauen. Für das Pferd ist die Situation rund um den Hänger völlig unverständlich und extrem angsteinflößend.

REITEN IST KOMMUNIKATION
Kein Kraftsport

Ein Blick in so manche Reithalle legt die Vermutung nahe, beim Reiten handele es sich um Kraftsport. Es wird gezogen, gezerrt, getrieben und gequetscht. Reiter kommunizieren körpersprachlich. Diese Kommunikation sollte nichts mit einem Muskelaufbautraining zu tun haben. Vielmehr lautet die einfache Regel: Der Reiter gibt körpersprachlich vor, was er vom Pferd haben möchte. Wenn er anreiten möchte, darf er nicht wie ein „nasser Sack" ohne jede Körperspannung auf dem Pferd sitzen und dem Pferd überfallartig die Hacken in den Leib rammen. Vielmehr soll er selbst Körperspannung aufbauen, sein Becken vorbewegen, so, als wolle er selbst losgehen. Das wird vom Pferd erfühlt, aufgenommen und umgesetzt. Das gleiche gilt fürs Anhalten. Dazu gibt der Reiter seine Körperspannung auf, atmet aus und kippt das Becken ab. Das Pferd steht. Der Mensch möchte nach rechts reiten? Der Blick geht nach rechts, der ganze Körper dreht sich mit und kommt so automatisch in die richtige Position, die das Pferd veranlasst, nach rechts abzuwenden. Ziehen und Zerren werden hierbei überflüssig.

PFERDE LERNEN MENSCHENSPRACHE
Kein Ding der Unmöglichkeit

Es ist durchaus möglich, Pferden auch ein Verständnis für bestimmte Laute beizubringen. Ein Pferd ist in der Lage, Stimmkommandos zu erlernen. Jedoch muss es dazu den Laut mindestens zweitausend Mal gehört haben, und dabei muss die Verbindung „Kommando – Ausführung – Lob" stets gegeben sein.

Ein Blick in die Stallgasse: Eine Stute wird gelobt: „Fein, Lady, das hast du fein gemacht. Fein! Feines Pferd!" Lady freut sich und hofft auf ein Leckerchen. Sie scharrt mit dem Vorderbein. „Nein, Lady, nein!" Ladys Besitzerin ist wahrscheinlich gar nicht bewusst, dass sie ihrem Pferd das Verstehen unnötig schwer macht. Die

Vertrauen

Pferde sind die besseren Menschen

„GUT, DASS WIR DARÜBER GEREDET HABEN" – KOMMUNIKATION

Worte „fein" und „nein" klingen so ähnlich, sie sind für ein Pferd nicht zu unterscheiden. Für ein Pferd ist es absolut unverständlich, mit einem gleich klingenden Wort sowohl gelobt als auch getadelt zu werden.

Ebenso verhält es sich mit den Kommandos „Geh" und „Steh". Warum machen wir unseren Pferden das Leben so schwer? Loben wir mit dem Wort „brav" oder „gut", so ist es für das Pferd eindeutig. Zumal die dunklen Vokale wie „o, u und a" für Pferdeohren (und auch Menschenohren) wohltuend sind, während „i, r, ei, s und t" eher unangenehm klingen und sich folglich eher für Sanktionen und zum Erregen von Aufmerksamkeit eignen. Ersetzen wir „Steh" durch „Halt" oder „Ho", machen wir es unserem Pferd und auch uns selbst wesentlich einfacher.

Die Besitzerin des Pferdes wendet an dieser Stelle sicherlich ein: „Aber der Ton macht doch die Musik." Sie hat Recht. Pferde registrieren Betonung, Tonfall und Lautstärke unserer Äußerungen. Aber dennoch: Gleichklingende Laute erschweren Pferden ohne Zweifel das Verstehen. Für uns ist es an sich ein Leichtes, Alternativen zu nutzen. Wer sich darum nicht bemüht, handelt gedankenlos.

DURCH DIE BRILLE DES ANDEREN

Kommunikation kann nur gelingen, wenn wir bemüht sind, den Standpunkt des Gesprächspartners zu verstehen. Sonst führen wir bestenfalls einen Monolog, anderenfalls ein Streitgespräch. Es spielt keine Rolle, ob es sich bei unserem Gesprächspartner um einen Menschen oder ein Pferd handelt.

Ist der Standpunkt unseres Gesprächspartners dem unsrigen ähnlich, dann fällt uns das Verstehen leicht. Wir liegen sozusagen „auf einer Wellenlänge". Doch Pferd und Mensch haben nicht nur Gemeinsamkeiten, sondern auch eklatante Unterschiede. Damit uns die Kommunikation mit Pferden gelingen kann, müssen wir uns diese Unterschiede bewusst machen. Zu diesen Unterschieden gehört unter anderem das Empfinden von Angst.

Vom Leben im „Dschungel" – Angst

Angst ist nicht gleich Angst
Über Plastikplanen und die Sorge um den Arbeitsplatz

Angst ist ein beherrschendes Gefühl. Das gilt für Mensch und Pferd. Doch die Ängste, die Mensch und Pferd empfinden, sind in der Regel grundsätzlich verschieden. Es gibt zwei Sorten von Ängsten. Ich nenne sie die A-Angst und die B-Angst.

Bei der A-Angst haben wir existenzielle Angst, dass wir den nächsten Moment nicht überleben werden. Diese Angst ist bei Pferden allgegenwärtig. Ein fliegendes Stück Papier, ein Rascheln im Busch, eine schnelle Bewegung: All das kann einem Pferd akute Gefahr signalisieren. Auslöser dieser A-Angst ist alles, was ein Pferd nicht in seinen Erfahrungsschatz einordnen kann. Diese A-Angst veranlasst ein Pferd zur Flucht. Es will sich verständlicherweise in Sicherheit bringen; eine möglichst große Entfernung zwischen sich und dem Angstauslöser schaffen.

Die B-Angst ist die Angst, die Anforderungen, die das Leben an uns stellt, nicht im erforderlichen Maß erfüllen zu können.

Auch Kinder kennen die A-Angst. Bei ihnen wird sie ebenfalls ausgelöst durch alles, was sie in ihren Erfahrungsschatz nicht einordnen können. Dies können Schatten durch vorbeifahrende Autos an der Wand, klappernde Fensterläden oder knarrende Fußböden sein. Diese Ängste nicht ernst zu nehmen, ist ein Verbrechen.

Kinder (und Pferde) erleben wahrlich Todesangst, beziehungsweise instinktive, ganz existenzielle Ängste. Diese lassen sich nicht einfach ausreden. Vielmehr muss man ihnen helfen, die scheinbaren und wirklichen Gefahren einzuordnen und zu verstehen. Wer versteht, hat keine Angst mehr; zumindest nicht mehr vor den scheinbaren Gefahren.

HAB KEINE ANGST!
Taten statt Worte

Von der Ungefährlichkeit Furcht einflößender Situationen oder Dinge überzeugen wir weder Pferd noch Kind durch Worte. Wir müssen die Ungefährlichkeit durch unser Tun beweisen. Wir können beispielsweise Schatten durch das Einschalten

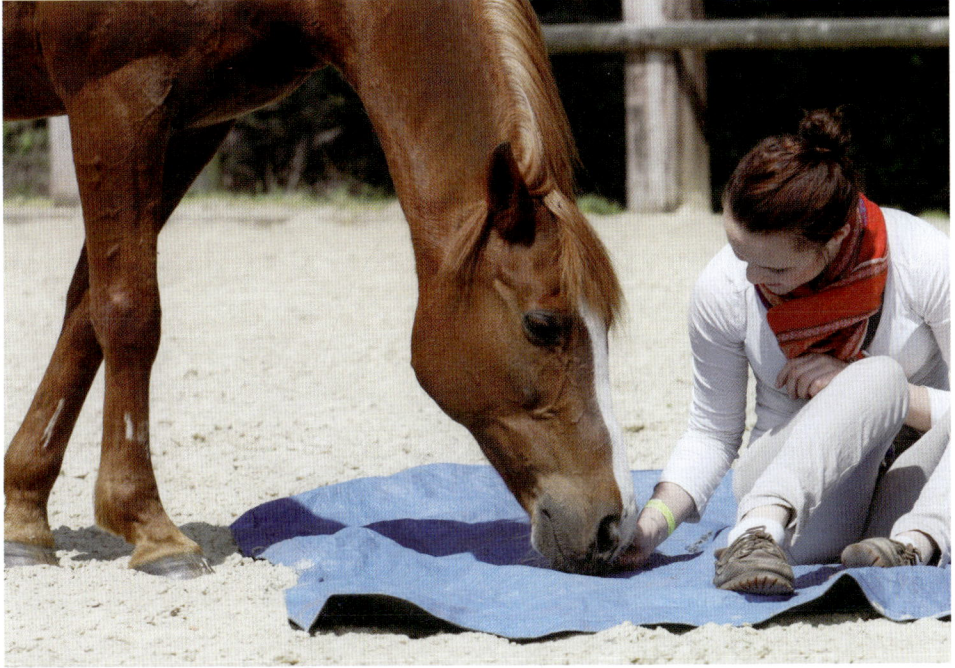

Vorbild

Pferde sind die besseren Menschen
VOM LEBEN IM „DSCHUNGEL" – ANGST

von Licht vertreiben oder klappernde Fensterläden fesseln, um so unsere Macht über sie zu demonstrieren. Pferden können wir zeigen, dass wir stärker als Papiertüten sind, indem wir diese zerknüllen. Plastikplanen verlieren ihren Schrecken, wenn wir auf ihnen herumspazieren. Wichtig dabei ist es, dass wir uns stets zwischen die vermeintliche oder wirkliche Gefahrenquelle und unseren Schutzbefohlenen stellen. Nur so können wir Sicherheit vermitteln und Schutz bieten. Es ist sinnlos, wenn nicht gar kontraproduktiv, wenn wir ein Pferd einfach an eine knisternde Plastikfolie führen, und es dann mit dem Appell: „Da schau dir alles an!" alleine lassen. So werden wir unserer Aufgabe als Beschützer nicht gerecht.

A-Ängste erleben wir als Erwachsener nur in Ausnahmefällen: Wenn uns beispielsweise ein Auto die Vorfahrt nimmt, wenn wir im Stockdunkeln von jemandem erschreckt werden oder wenn ein Pferd mit uns im wilden Galopp durchgeht.

SICH SORGEN IST MENSCHLICH

Erwachsene leben meist mit der sogenannten B-Angst. Die B-Angst ist die Angst, auf Dauer nicht zu überleben. Wir haben Angst davor, nicht gut genug zu sein, nicht tüchtig genug, nicht hübsch genug, nicht schlank genug. Wir haben Angst davor, arbeitslos zu werden, Angst vor Klimawandel, Krieg, Schweinegrippe, Vogelgrippe, Rinderwahn. Die menschlichen Sorgen (B-Angst) sind ein guter Nährboden für ganze Industrien. Von ihr profitieren Versicherungen, Ärzte, Anwälte, Werbeleute, die Pharmaindustrie und Unzählige mehr.
Pferden (und kleinen Kindern) sind B-Ängste völlig fremd. Sie machen sich keine Gedanken und folglich keine Sorgen um die Zukunft. Kein Kind der Welt beginnt freudig zu lernen, nur weil seine Eltern ihm damit drohen, dass ihm ohne guten Schulabschluss ausschließlich Berufe wie Straßenkehrer, Müllmann oder Mitarbeiter einer Fast-Food-Kette offenstehen.

DER TOD
Die größte Angst des Menschen

Die größte Angst haben wir Menschen in der Regel vor dem Tod. Auch dieser Angst können wir uns stellen und sie dadurch zumindest schmälern, wenn nicht gar ablegen. Ich versuche ihr wie folgt zu begegnen:

- Ich lebe so, wie ich es für richtig halte! Ich lebe so, dass ich zufrieden bin und nicht das Gefühl habe, das Wesentliche meines Lebens steht noch aus. Dabei nehme ich stets Rücksicht auf meine Mitwelt. Ich richte mein Leben nicht nach den Vorstellungen anderer Menschen oder Institutionen aus.
- Das Thema Tod ist kein Tabu. Unbekanntes macht mir mehr Angst als Bekanntes. Ich möchte den Tod näher kennenlernen und aus ihm einen „guten, alten Bekannten" machen!
- Ich schiebe nichts auf die „lange Bank". Versöhnungen, liebe Worte, Liebeserklärungen, das Einlösen von Versprechen, das Tilgen von Schulden dulden keinen langen Aufschub. Ich möchte mit mir selbst und meinen Mitmenschen stets im Reinen sein.
- Ich bin nicht so wichtig! Die Lücke, die ich hinterlassen werde, kann gefüllt werden. Sie ist kleiner als ich annehme. Das Leben geht auch ohne mich weiter!

AB IN DEN DSCHUNGEL

Das unterschiedliche Erleben von Ängsten macht es Pferd und Mensch schwer, einander zu verstehen. Für Menschen ist eine auffliegende Papiertüte eine Lappalie; Pferde empfinden existenzielle Angst. Menschen können vor Angst nicht einschlafen, weil sie fürchten, ihren Job zu verlieren. Pferden sind Sorgen völlig fremd; sie wissen nicht einmal um deren Existenz. Wir können von keinem Pferd der Welt verlangen, dass es Verständnis für unsere B-Ängste aufbringt. Das geht nicht. Aber

Pferde sind die besseren Menschen
VOM LEBEN IM „DSCHUNGEL" – ANGST

wir können versuchen, die A-Ängste unserer Pferde zu verstehen. Vielleicht fällt uns das Verstehen leichter, wenn wir uns in folgende Situation versetzen:

Sie fliegen über den Amazonas. Hübsche Stewardessen versorgen Sie mit Tomatensaft oder Sekt. Plötzlich: Der erste Motor streikt, nach und nach auch die anderen. Sinkflug, ohrenbetäubender Krach ... Als Sie wieder zu sich kommen, sind Sie mitten im Dschungel; ringsherum nichts als wirkliche und gefühlte Lebensgefahren. Lauernde Krokodile, hungrige Jaguare, unter Laub versteckte Sumpflöcher, die Sie zu verschlingen drohen. Giftschlangen hängen an den Bäumen und sind nicht von den Lianen zu unterscheiden. Baumwurzeln sehen aus wie Riesenschlangen. Bewegen sie sich? Fiebermücken setzen zum Angriff an und nicht zuletzt lauern Indios mit vergifteten Blasrohrpfeilen auf Sie. Die Gefühle, die Sie in einer solchen Situation empfinden, sind die, die Pferde fast immer haben.

Plötzlich taucht aus dem Dickicht ein vertrauenerweckender, autorisierter Wildnisführer auf. Ihre Rettung! Er ist kompetent, erfahren, mutig, selbstsicher und jederzeit Herr der Lage. Er weiß den richtigen Weg und geht ihn auch. Er sichert Sie nach allen Seiten ab und bringt Sie heil und gesund zurück in die Zivilisation.

Solch ein Dschungelführer müssen wir unseren Pferden, Kindern und den uns Anvertrauten sein, damit wir ihnen Sicherheit bieten können. Wir möchten mit unserem Dschungelführer nicht – wenn rechts und links, unter und über uns Gefahren lauern – über den richtigen Weg diskutieren. Diskussionen sind in solchen Situationen ein Zeichen für Unsicherheit und Inkompetenz. Ein Dschungel- oder Pferdeführer weiß, wo es langgeht. Er bestimmt Richtung und Tempo. Es versteht sich von selbst, dass wir nicht auf die Idee kämen, den Dschungelführer zu überholen oder uns zurückfallen zu lassen. Uns wäre klar: Nur in seiner Nähe sind wir in Sicherheit. Selbstverständlich würde niemand den Dschungelführer schubsen, ihm seinen Proviant klauen oder ihn zuquatschen. Solche Respektlosigkeiten kämen uns nicht in den Sinn. Sie würden ihn ablenken, und jede Ablenkung bringt uns in Gefahr.

Pferde sind die besseren Menschen
VOM LEBEN IM „DSCHUNGEL" – ANGST

Pferde, die ihrem Menschen vertrauen, folgen ihm auch ohne Strick ohne zu drängeln, zu trödeln oder zu schubsen. Sie bleiben dicht hinter dem Führer und sind froh, die Verantwortung an ihn abgeben zu dürfen. So möchte ich „Dominanz" verstanden wissen. „Dominanz" nicht abgeleitet von „Dominus", der Herr, womit schnell Unterdrückung und Unterwerfung assoziiert wird; sondern von „Domus", das Haus. So verstanden, verspricht Dominanz Sicherheit und Schutz.

Nicht nur das Empfinden von Ängsten ist bei Pferden und kleinen Kindern ähnlich, sondern auch ihr Bedürfnis nach Sicherheit. Auch Kinder wünschen sich einen kompetenten Dschungelführer. Auch Kinder möchten nicht mit ihrem Dschungelführer, also mit ihren Eltern, über den richtigen Weg diskutieren. Erst wenn Kinder älter werden und mehr Verständnis für Zusammenhänge bekommen, müssen Eltern sich auf Diskussionen mit ihnen einlassen. Dann sind Diskussionen ein „Muss"; für kleine Kinder sind Diskussionen eine Katastrophe.

Komm mir nicht zu nahe! Nähe und Distanz

Vertrautheit oder Respektlosigkeit
Über Regeln für richtiges Kuscheln

Ein Punkt, in dem sich Pferde und Menschen ähnlich sind, ist der Umgang mit Nähe. Menschen wie Pferde suchen und genießen Nähe, vor allem dann, wenn sie auf diese Art und Weise Schutz erfahren. Deshalb suchen Pferde und Menschen vor allem die Nähe ranghoher Lebewesen, die Schutz versprechen. So lässt sich auch das bei vielen Menschen sehr ausgeprägte Bedürfnis erklären, in die Nähe prominenter Personen zu gelangen. Wir alle kennen Bilder von kreischenden, hyperventilierenden Teenagern, die auf Konzerten versuchen, so nah wie möglich an ihr Idol zu gelangen. Aber auch viele Erwachsene legen eine erstaunliche Energie an den Tag, Prominenten nahe zu sein. Dabei spielt es keine Rolle, wie hässlich, übergewichtig, fies oder silikonisiert die Berühmtheit ist.

Pferden können wir keine Autorität vortäuschen. Sie durchschauen Lug, Betrug, Täuschung und Schauspielerei sofort. Menschen brauchen dazu meist etwas länger. Gekaufte Doktortitel oder Schönheitsoperationen verschaffen nur so lange Ansehen, bis die Wahrheit ans Licht kommt. Erkaufte Autorität kann einen sehr schnell lächerlich machen. Manche Pferdebesitzer meinen, sie könnten sich Führungsqualitäten mit einem bestimmten Equipment kaufen. Doch kein Carotstick, kein Spezialhalfter und kein Gebiss dieser Welt lässt uns zu einem verlässlichen Chef, zu einer Autorität werden. Pferde schauen nicht darauf, was wir in der Hand haben; sie schauen tiefer. Für Pferde zählt nicht Schein, sondern Sein. Arbeiten wir also lieber an unserer Konsequenz, unserer Selbstbeherrschung und Führungskompetenz, als unnötige Euros im Reitsportgeschäft auszugeben.

DER ERSTE SCHRITT
Wer berührt wen?

Die größte Form der Nähe ist Berührung. Die Aufforderung zur Berührung, der berühmte „erste Schritt", geht vom Ranghöheren aus. Das ranghöhere Pferd bestimmt, mit wem, wann, wo und wie lange Fellpflege betrieben wird. Das ist bei Menschen vielleicht ein wenig komplexer, aber grundsätzlich gelten die gleichen

Be-Rührend

Prinzipien. Kein Schüler käme auf die Idee, dem Direktor über den Kopf zu streicheln und zu fragen, ob es ihm in der Schule gefällt. Der Direktor darf dies hingegen ungefragt tun. Wer es wagt, bei einem Vorstellungsgespräch direkt auf den Chef zuzugehen, um seine Hand zu schütteln, hat seine Chancen vertan, bevor er auch nur ein Wort gesagt hat. Der Chef bietet die Hand zum Gruß an.

Wer meint, es sei ein Zeichen von großer Zuwendung, wenn ein Pferd seinen Kopf an ihm schubbert oder ihm an der Jacke knabbert, irrt. Es handelt sich um Respektlosigkeit, und zwar um gefährliche Respektlosigkeit. Wir Menschen streben nach Freundschaft mit unserem Pferd. Ein Blick in eine Pferdeherde zeigt eindeutig, dass es Freundschaften zwischen Pferden gibt. Pferdefreunde grasen Seite an Seite, verscheuchen sich die Fliegen, knabbern sich das Fell und fressen selbst ihr Kraftfutter aus einer Schüssel. Aber: Auch unter Freunden ist die Rangfolge geklärt. Freundschaft zwischen Mensch und Pferd gelingt nur, wenn die Rangfolge zweifelsohne zugunsten des Menschen geklärt ist. Sonst ist sie lebensgefährlich. 60 Kilogramm haben gegenüber 600 Kilogramm in der Regel schlechte Karten.

WO GEHT ES LANG?
Die Frage nach Tempo und Richtung

In einer Pferdeherde bestimmt das ranghöchste Pferd Tempo und Richtung. Das ist bei in Freiheit lebenden Pferden die Leitstute. Der Hengst sorgt dafür, dass die Herde zusammenbleibt und kein Pferd auf Abwege gerät.

Ein Blick in den Reitstall: Charlotte holt ihr Pony Mäxchen von der Wiese, um mit ihm einen netten Ausritt zu machen. Mäxchen scheint es auf der Wiese besser zu gefallen. Er trödelt hinter Charlotte her, lässt sich ziehen und versucht zwischendurch immer wieder, einen Happen Gras zu erwischen. Er folgt zwar, aber nach dem Motto: Komm ich heut nicht, komm ich morgen oder übermorgen. Ein geeigneter Dschungelführer wäre Charlotte wohl nicht.

Der Rückweg: Charlotte und Mäxchen haben eine gemütliche Runde durch den Wald gedreht. Mäxchen bekam sein Leckerchen, und nun darf er zurück auf die Weide. Mäxchen ist begeistert: Zurück zum Gras und zu den Kumpels. Er marschiert los. Charlotte hängt am Strick, Mäxchen zieht sie hinter sich her: „Kannst ja meinetwegen mitkommen! Aber gib mal Gas!"

Die Rangordnungsfrage fällt eindeutig zugunsten von Mäxchen aus. Der Chef bestimmt Tempo und Richtung. Doch wie werde ich zum Chef?

BITTE ABSTAND HALTEN
Individualbereich: Betreten verboten!

Jedes Lebewesen hat seinen Individualbereich, in den nicht ungefragt eingedrungen werden darf. Diesen Raum verteidigen Pferde notfalls mit Bissen und Tritten. Friedtiere sind wehrhaft. Kein rangniedriges Pferd käme auf die Idee, unaufgefordert einem ranghöheren Pferd zu nahe zu kommen. So, wie kein Lehrling auf die Idee käme, ohne anzuklopfen die Tür zum Chefzimmer aufzureißen. Rangniedrigere warten respektvoll auf die Aufforderung, nähertreten zu dürfen.

Menschen müssen Pferden die Größe ihres gewünschten Individualabstandes angeben und auf diesen Abstand konsequent bestehen. Heute dreißig Zentimeter, morgen ein Meter, übermorgen gar kein Abstand: Das ist für ein Pferd völlig unverständlich und verwehrt ihm die Sicherheit, die es braucht. Seinen Raum darf der Mensch notfalls mit Gewalt – mit für das Pferd verständlichen Maßnahmen – verteidigen. Auch Pferde sind untereinander nicht zimperlich. Allerdings müssen folgende Regeln beachtet werden: Dauerdruck ist tabu. Sobald das Pferd die gewünschte Reaktion zeigt, wird der Druck sofort eingestellt. Maßnahmen zur Verteidigung werden vom Pferd stets verstanden und akzeptiert. Sie festigen die Rangordnung. Jeder Angriff hingegen zerstört nachhaltig jedes Vertrauensverhältnis.

Pferde sind die besseren Menschen
KOMM MIR NICHT ZU NAHE! - NÄHE UND DISTANZ

Um seinen Individualbereich deutlich zu machen und ihn zu verteidigen, nimmt man einen Führstrick oder eine Gerte und schlägt damit energisch zwischen sich und dem Pferd herunter. So zeigt man dem Pferd klar und deutlich, dass es in respektvoller Entfernung zu bleiben hat. Missachtet ein Pferd diese Vorgabe und un-

Dominanter Mensch

Dominantes Pferd

terschreitet die vorgegebene Entfernung, wiederholt man den Schlag mit Gerte oder Führstrick, ohne Rücksicht darauf zu nehmen, das Pferd zu treffen. So ein kurzer Schlag ist eine pferdegemäße Sanktion und wird sicher verstanden. Wichtig ist jedoch: Am besten lasse ich es erst gar nicht zu Situationen kommen, in denen ich sanktionieren muss. Das heißt: Ich bin stets so präsent, aufrecht, überzeugend und aufmerksam, dass sich das Pferd erst gar nicht zu Respektlosigkeiten hinreißen lässt. Wer mit gesenktem Kopf und hängenden Schultern neben seinem Pferd steht, dabei noch telefoniert und in Gedanken die Einkaufsliste erstellt, der darf sich nicht wundern, wenn das Pferd unsere Führungsqualitäten infrage stellt.

Es ist unmöglich, den ganzen Tag über mit hängenden Schultern und gesenktem Kopf durch die Gegend zu schleichen, jedem Konflikt aus dem Weg zu gehen und sich von jedem „unterbuttern" zu lassen, und gleichzeitig seinem Pferd ein guter Chef sein zu wollen.

WIE WERDEN WIR MUTIGER UND SELBSTBEWUSSTER?
Die Strategie der kleinen Erfolge

Fangen wir an, Schwierigkeiten nicht mehr zu meiden, sondern uns ihnen zu stellen. Die Vorgehensweise ist hier bei Pferd und Mensch gleich: Die Anforderungen sollten anfangs nie zu groß sein. Es ist besser, kleine Schritte zu meistern, als an großen zu scheitern. Die Bewältigung kleiner Herausforderungen erfüllt mit Stolz und Energie und motiviert, weitere Herausforderungen in Angriff zu nehmen. So wachsen wir – und/oder unser Pferd – langsam aber sicher über uns hinaus. Stellen wir uns anfangs zu großen Herausforderungen, so ist wahrscheinlich ein Scheitern die Folge. Scheitern mindert unser Selbstwertgefühl und macht uns ängstlich. Überfordern wir uns oder unsere Pferde, erreichen wir das Gegenteil von dem, was wir eigentlich erreichen möchten. Hilfreich ist es, jemanden an unserer Seite zu haben, der uns ein gutes Vorbild ist und der uns immer wieder ermutigt.

Pferde sind die besseren Menschen
KOMM MIR NICHT ZU NAHE! - NÄHE UND DISTANZ

Unser Körper und unser Geist sind eine Einheit. Deshalb können wir auch über unsere Körperhaltung Einfluss auf unseren Geisteszustand nehmen. Nehmen wir regelmäßig bewusst eine selbstbewusste Körperhaltung an, fühlen wir uns auch gleich selbstbewusster, als wenn wir Kopf und Schultern hängen lassen. Fangen wir in ärgerlichen Situationen bewusst an zu lächeln, erhellt sich unsere Stimmung. Wir spüren, dass wir aggressiv werden? Dann beugen wir uns nach unten. So haben wir zumindest die Chance, dass unsere Aggressionen nicht weiter anwachsen oder sogar nachlassen. Wir fühlen uns so, wie wir uns zeigen; und wir zeigen uns so, wie wir uns fühlen. Und wir können von beiden Richtungen her Einfluss nehmen. Auf geht's: Kopf hoch, Schultern aufrichten, und schon ist man größer und fühlt sich auch so.

Manchen Menschen fällt es aufgrund ihres Alters oder ihrer Biografie schwer, ihren Individualbereich zu verteidigen. Kinder sind beispielsweise damit überfordert, Erwachsenen Grenzen zu setzen, wenn diese ungefragt und/oder auch gewaltsam in ihren Individualbereich oder gar in ihre Intimsphäre eindringen. Deshalb sollten Kinder stets darin bestärkt werden, dass sie das Recht haben, Grenzen zu setzen. Ziel von Erziehung sollten starke Kinder sein, die „Nein" sagen können. Doch auch bei starken, selbstbewussten Kindern bleibt die Verantwortung für die Einhaltung der Grenzen immer beim Erwachsenen.

Die Frage nach der Größe des Individualabstandes ist nicht eindeutig zu beantworten. Ein sehr guter, sicherer Führer kann den Individualabstand bis auf wenige Zentimeter verringern und wird von seinem Pferd trotzdem stets respektvoll behandelt. Als Anfänger empfiehlt es sich, einen mittleren Abstand von etwa einem halben Meter, also die Länge eines Oberarms, zu verlangen.

Besser als jede Versicherung – Sicherheit und Schutz

Der Mensch als Leitstute
Über Kompetenzen und Rangnähe

PFERDEMENSCHEN MÜSSEN DSCHUNGELFÜHRER SEIN

Da Pferde mit A-Ängsten leben, also mit der Angst, den nächsten Moment nicht zu erleben, sind sie auf Schutz angewiesen. Diesen Schutz gewährt ihnen in der Herde das Leittier. Im Zusammensein von Mensch und Pferd ist es unsere Aufgabe, dem Pferd größtmögliche Sicherheit zu vermitteln. Das Pferd muss sich darauf verlassen können, dass wir ihm in gefährlichen Situationen uneingeschränkt beistehen, dass wir es niemals allein lassen, egal, was passiert und dass wir es unter keinen Umständen an irgendetwas oder irgendjemanden ausliefern. Dabei spielt es keine Rolle, ob es sich bei der Gefahr um eine Plastikplane, einen Pferdetransporter, Feuer, Trecker oder einen Tierarzt handelt. Das Pferd muss sich stets darauf verlassen können, dass wir die notwendige Stärke besitzen, es mit jeder Gefahr aufzunehmen. Das zeigen wir dem Pferd beispielsweise, indem wir die auffliegende Papiertüte in die Hand nehmen und zerknüllen oder auf der knisternden Plastikplane gelassen Platz nehmen. So demonstrieren wir dem Pferd, dass wir keine Angst haben und auch niemand Angst haben muss. So ermuntern wir es, sich ebenfalls mit der Gefah-

Pferde sind die besseren Menschen
BESSER ALS JEDE VERSICHERUNG – SICHERHEIT UND SCHUTZ

Ist der Mensch angstfrei, ist es auch das Pferd.

renquelle auseinanderzusetzen. Niemals lassen wir ein Pferd in solchen Situationen allein und schicken es allein Richtung Gefahr. Wir sind die Beschützer und stellen uns immer zwischen Gefahrenquelle und Schutzbefohlenen.

KEINE FRAGE DER MUSKELMASSE

Um ein Lebewesen beschützen zu können, müssen wir nicht Dauergast im Fitnessstudio sein. Es kommt weniger auf die Muskelmasse, als vielmehr auf die mentale Stärke an. In einer Pferdeherde wird auch nicht das größte, schnellste oder stärkste Pferd zwangsläufig Chef. Shetlandponys können durchaus Kaltblütern sagen, wo es langgeht. Wir können beobachten, dass die Leitposition regelmäßig infrage gestellt wird. Diese Anfragen dienen dem Schutz der Herde. Das Leittier muss

Pferde sind die besseren Menschen

BESSER ALS JEDE VERSICHERUNG – SICHERHEIT UND SCHUTZ

regelmäßig seine Kompetenz beweisen. Im Gegensatz zu Pferden fallen Menschen recht leicht auf inkompetente Führer herein, deren Fähigkeit sich darauf beschränkt, Massen gut manipulieren zu können. Sind deren Führungsqualitäten mehr Schein als Sein, werden sie die Herde ins Verderben führen. Deshalb ist es selbstverständlich und notwendig, dass Pferde auch unsere Führungskompetenz regelmäßig infrage stellen. Dies gilt selbstverständlich auch für Kinder und erst recht für Jugendliche. Diese Anfragen gilt es zu bestehen; sonst werden die Schutzbefohlenen sich einem anderen Führer anschließen und/oder sich im Zweifelsfall auf sich selbst verlassen.

Pferde, die sich auf sich selbst verlassen müssen, stehen unter enormem Stress. Diese Pferde gehen mit erhobenem Kopf und gespitzten Ohren neben dem Menschen her. Sie schauen hier hin und dort hin. Sie haben Stress. Pferde, die ihrem Menschen vertrauen, trotten mit gesenktem Kopf hinter ihm her. Sie sind sicher: Mir passiert nichts; mein Chef passt auf mich auf. Er hat alles im Griff, kein Grund zur Panik. Wenn Pferde uns bedingungslos vertrauen, werden sie uns bedingungslos auch ohne Strick folgen.

DIE POSITION ENTSCHEIDET
Die drei Führpositionen

Um einem Pferd Sicherheit bieten zu können, müssen wir einige Regeln beachten; zum Beispiel die der Führpositionen. Jedes Pferd kennt instinktiv drei Führpositionen.

Die erste Führposition ist die, die jedes Pferd als Fohlen einnimmt. Die Mutterstute geht vorweg, das Fohlen folgt. So führt auch die Leitstute ihre Herde. Pferde, die der Leitstute zu nahe kommen, werden unverzüglich zurechtgewiesen.

Die zweite Führposition ist die Position des Hengstes. Der Hengst geht hinter der Herde und treibt sie vor sich her. Er hält die Herde zusammen und ist jeder Zeit bereit, die Herde zu verteidigen. Herdenmitglieder, die seinen Anweisungen

Pferde sind die besseren Menschen
BESSER ALS JEDE VERSICHERUNG – SICHERHEIT UND SCHUTZ

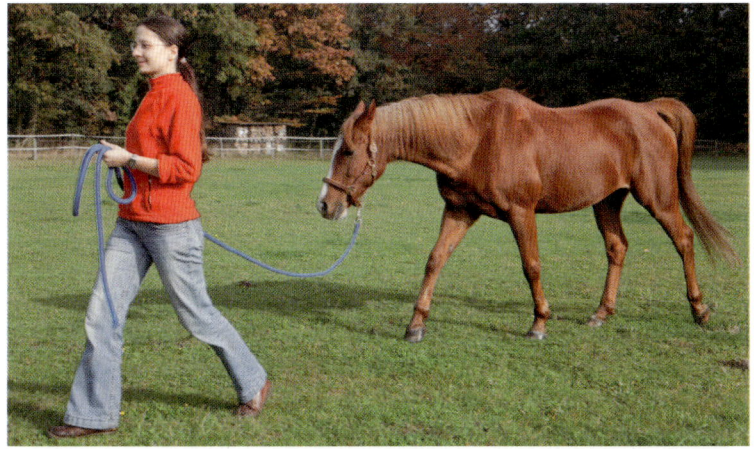

Die Position der Leitstute

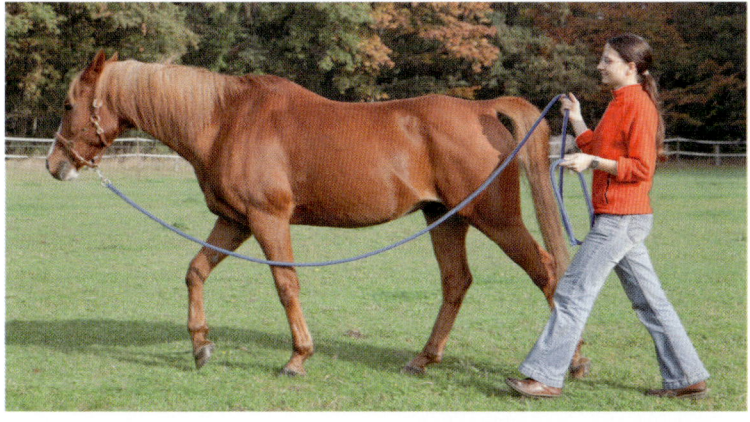

Die Hengstposition

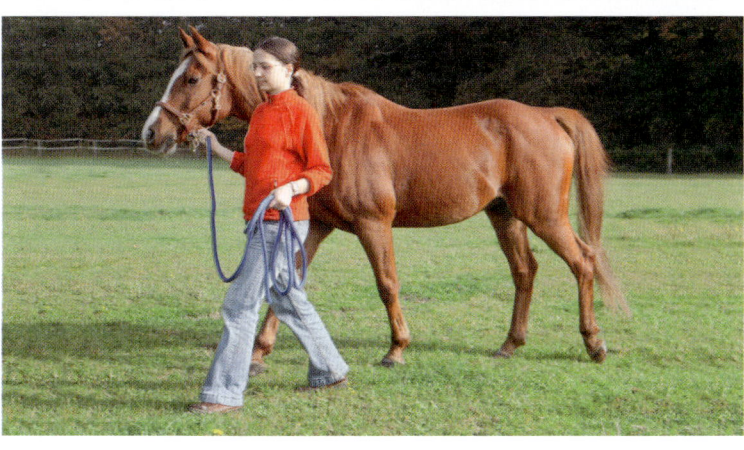

Die Kumpelposition

Pferde sind die besseren Menschen
BESSER ALS JEDE VERSICHERUNG – SICHERHEIT UND SCHUTZ

nicht unverzüglich Folge leisten, bekommen nach einer Drohung seine Zähne zu spüren.

Die dritte Position, die jedes Pferd kennt, ist die so genannte „Kumpelposition". Zwei Pferdefreunde gehen nebeneinander her, sie grasen Seite an Seite oder stehen dösend nebeneinander. Hier darf auch schon mal gegenseitig geknufft, gerempelt und geschubst werden.

Für uns Menschen folgt daraus: Unser Platz ist der der Leitstute. Wir gehen klar und deutlich vor dem Pferd und lassen uns unter keinen Umständen berühren oder gar überholen. Jede Respektlosigkeit wird sofort auf „Pferdisch" unterbunden. Das heißt: Klare deutliche Warnung und bei Nichtbefolgung eine scharfe, schnelle Sanktion. Sobald das Pferd die gewünschte Reaktion zeigt, sind wir augenblicklich freundlich. Nur keine Angst vor klaren, deutlichen Ansagen: Pferde sind im Gegensatz zum Menschen nicht nachtragend. Pferde sind untereinander nicht zimperlich. Sie verstehen kurze, klare Zurechtweisungen und nehmen uns diese auf keinen Fall übel.

Achtung: Wir drehen uns beim Führen niemals um, wenn das Pferd uns folgen soll. Jedes Umdrehen wirkt bremsend, da für Tiere ein „Sich-in-die-Augen-Sehen" immer die Vorstufe einer aggressiven Handlung ist.

Das Führen in Hengstposition ist ideal zum Aufbau von Respekt und Vertrauen. Jedes Führen hinter dem Widerrist entspricht der Position des Hengstes. Wir nehmen sie beispielsweise beim Fahren, beim „Fahren vom Boden", in der Langzügelarbeit und beim Reiten ein.

Auch wenn hierzulande in vielen Reitställen auf Kopf-/Halshöhe geführt wird, die Kumpelposition erschwert ein vertrauensvolles Miteinander von Mensch und Pferd und ist ein echtes Gefahrenrisiko. Bei Reitervölkern folgen Pferde dem Menschen stets in respektvollem Abstand.

Führen wir auf Kopf-/Halshöhe, begeben wir uns in die Kumpelposition. Kumpel darf man knuffen, schubsen und auch mal rempeln. Ein solches Verhalten ist respektlos und bekommt uns Menschen auch rein körperlich nicht besonders gut.

AUSNAHMEN BESTÄTIGEN DIE REGEL
Für Kinder ist falsch richtig

Manchmal ist falsch richtig. Meiner Meinung nach sollten Kinder Pferde auf Kopf- beziehungsweise Halshöhe führen. Kinder sind nicht in der Lage, bereits die notwendige Dominanz auszustrahlen. Deshalb ist die falsche Führposition für sie aus Sicherheitsgründen die bessere.

An dieser Stelle ein Wort zu Schulpferden: Wenn Kinder mit Pferden in Kontakt kommen, so müssen diese Pferde über einen geduldigen, freundlichen Charakter verfügen. Pferde, die versuchen, ihre Dominanz gegenüber dem Menschen auszuspielen, sind völlig ungeeignet. Die Kombination Kinder/dominante Pferde ist verantwortungslos und hochgradig gefährlich. Nun ist es der Traum vieler Züchter, einen echten „Kracher", also ein extrem leistungsfähiges Pferd für den „großen Sport" hervorzubringen. Um große Leistungen bringen zu können, müssen Pferde über ein gewisses Dominanzstreben verfügen. Dieses Dominanzstreben stellt für den Reiter im Tur-

Kinder und Pferde müssen zusammenpassen! Achtung: Niemals den Strick um Hand oder Finger!

niersport kein Problem dar. Er freut sich über den „Biss" des Pferdes. Für Kinder, Reitanfänger und auch für die meisten Freizeitreiter stellt sich die Situation jedoch gänzlich anders dar. Sie sind mit diesen Pferden hoffnungslos überfordert. Die Pferdezucht orientiert sich am Leistungssport, und so werden menschenfreundliche, anpassungswillige, unterordnungsbereite und kooperative Pferde zur Mangelware. Für einen großen Teil pferdebegeisterter Menschen stehen keine geeigneten Tiere zur Verfügung. Eine Folge wird sein, dass der Marktanteil der Robustpferde wie Isländer, Haflinger, Fjordpferde, Freiberger und anderer Rassen nicht nur an Reitschulen stetig anwächst. Die Nachfrage nach unserem bodenständigen Warmblut nimmt ab.

Damit nimmt ein weiteres Problem zu: Viele der Robustrassen haben Probleme, sich an unseren Boden und unser Klima anzupassen. Die rasante Ausbreitung des Sommerekzems ist nur eine auch daraus resultierende Problematik.

KÖRPERLICHE AUSEINANDERSETZUNGEN
Kein Zeichen von Überlegenheit

Auseinandersetzung ist ein Zeichen von Rangnähe. Es gilt die Regel: Je höher in der Hierarchie, desto nachhaltiger und schärfer werden die Auseinandersetzungen. Darin unterscheiden sich Pferde nicht vom Menschen. Der Ranghöhere fürchtet um seine Position, die ihm der Rangniedrigere streitig machen könnte. Der Firmenchef prügelt sich aber auf keinen Fall mit seinem Lehrling. Ein Ringen zwischen Lehrling und Gesellen ist allerdings vorstellbar. Der Firmenchef hingegen muss sich am härtesten mit seinem Stellvertreter auseinandersetzen. Diese Auseinandersetzungen sind selten körperlicher Natur. Der Herdenchef kämpft nicht mit dem rangniedrigsten Pferd der Herde. Er setzt sich notgedrungen mit denen auseinander, die seinen Rang einnehmen möchten.

Deshalb sollte man auf körperliche Auseinandersetzung möglichst verzichten. Wichtig: Jedes Ziehen und Drücken, jedes Straffen des Stricks ist bereits eine körperliche Auseinandersetzung, die es zu vermeiden gilt. Dies ist nur dann möglich,

Pferde sind die besseren Menschen

BESSER ALS JEDE VERSICHERUNG – SICHERHEIT UND SCHUTZ

wenn zwischen Mensch und Pferd ein deutlicher Rangunterschied besteht, zugunsten des Menschen, versteht sich. Einen deutlichen Rangunterschied erreicht man nicht durch List, Tücke und Gewalt, sondern durch Kompetenz, Konsequenz und Zuverlässigkeit. Dies gilt für Menschen wie für Pferde. Besitzen wir echte Führungskompetenz, reicht es aus, dem Pferd zu signalisieren: „Jetzt geht es los", und es wird uns auch ohne Strick bereitwillig folgen.

Ein Wort zur Ausrüstung: Führen wir unsere Pferde an einem kurzen Strick und fassen diesen etwa dreißig Zentimeter vom Pferdekopf, dann sind körperliche Auseinandersetzungen – also ein Straffen des Stricks, ein Ziehen und Zerren – nicht zu vermeiden. Stattdessen nehmen wir besser ein langes Seil und fassen dieses am Ende. Wir halten den Führstrick stets in der linken Hand und fassen mit der rechten darunter. So verhindern wir, dass das Pferd auf den Strick tritt. Ich bin kein Freund von Knotenhalftern oder gar der Trense, um ein Pferd zu führen. Diese Ausrüstung ist mir zu scharf. Sie verleitet meiner Meinung nach zu körperlicher Auseinandersetzung. Deshalb ziehe ich ein weiches Halfter vor.

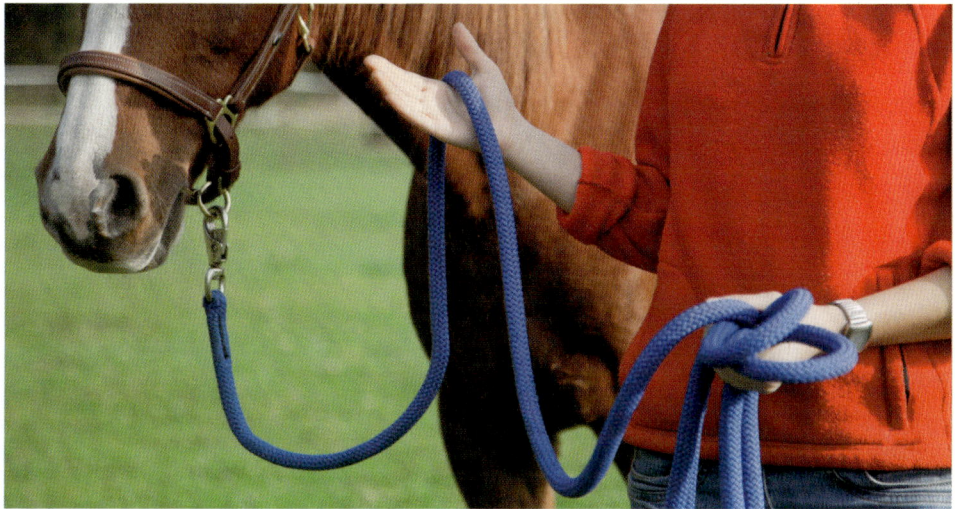

So ist es richtig!

Zum Losgehen überfallen wir das Pferd nicht, sondern geben ein Kommando und einen lockenden, leichten Impuls am Seil. Eine körperliche Auseinandersetzung wird erst dann notwendig, wenn das Pferd sich nicht in Bewegung setzt und das Seil sich strafft. Ein kleiner Tipp: Gehen wir im rechten Winkel vom Pferd weg, dann wird es uns ziemlich sicher folgen.

EIN MANN / EINE FRAU – EIN WORT

Zuverlässigkeit heißt, wir müssen zu dem stehen, was wir sagen. Wir müssen für unser Gegenüber berechenbar sein. Berechenbarkeit ist für uns Menschen aufgrund unserer Raubtiernatur extrem schwierig. Berechenbarkeit und Täuschungsabsichten schließen einander aus. Um berechenbar zu sein, müssen wir nicht nur darauf verzichten, unser Gegenüber zu täuschen. Wir müssen auch in vergleichbaren Situationen immer in der gleichen Form und mit der gleichen Intensität reagieren. „Heute so, morgen so und übermorgen ganz anders" macht jede Berechenbarkeit zunichte. Wenn wir am Montag auf unseren Individualbereich bestehen, am Dienstag aber unserem Pferd gestatten, an unserer Jacke herum zu

nabbeln, sind wir für das Pferd unberechenbar. Unberechenbaren Wesen kann man nicht vertrauen. Berechenbarkeit ist eine absolute Vorraussetzung für Vertrauen. Und Vertrauen ist wiederum die Voraussetzung für Sympathie, Sympathie die Vorraussetzung für Liebe.

ALLES UNTER KONTROLLE
Gewusst wie

Um Pferden, aber auch um Mitmenschen, Sicherheit geben zu können, muss ich mir meiner selbst wirklich sicher sein. Das heißt: Ich muss über das Wissen und das Können verfügen, auch schwierige Situationen beherrschen zu können. Ich muss eine Autorität sein. Autorität verschafft Respekt und macht kraftvollen Körpereinsatz überflüssig.

Eine bekannte Situation: Sie sind mit Ihrem Pferd unterwegs. Da kommt Ihnen ein Trecker entgegen. Wenn Sie keinen Plan haben, wie Sie diese Situation meistern können, werden Sie unsicher. Ihr Herzschlag erhöht sich, Sie atmen flach, der Kör-

Trecker ist nicht gleich Trecker: Es kommt darauf an, ob der Reiter ein ängstliches Mäuschen oder ein mutiger Ritter ist.

per verkrampft sich. Sie haben schweißnasse Hände. Selbst wenn es Ihnen selbst nicht bewusst ist, Ihrem Pferd bleibt nichts verborgen. Ihm ist klar: Von Ihnen ist kein Schutz zu erwarten. Es wird sich wohl oder übel selbst aus der Gefahr retten müssen. Der Plan des Pferdes sieht meist so aus, eine möglichst große Entfernung zwischen sich und der Gefahr entstehen zu lassen. Ihr Pferd wird also mit Ihnen – oder auch ohne Sie – davon galoppieren.

Die bessere Alternative: Schätzen Sie die Situation realistisch und möglichst gelassen ein. Entspannen Sie sich bewusst. Dazu helfen:

- Atemübungen: Wer tief in den Bauch atmet, kann gezielt entspannen. Fangen Sie an zu singen oder zu summen. So atmen Sie automatisch tief ein und tragen so zur Entspannung bei.
- Visualisierungsübungen: Im „Kopfkino" das Traumszenario ablaufen lassen. Stellen Sie sich vor, wie Sie die konkrete gefahrvolle Situation meistern. Unser Körper reagiert in unseren Vorstellungen so wie in der Realität. „Kopfkino" ist also eine tolle „Trockenübung".
- Konzentrationsübungen: Versuchen Sie sich auf einen oder einige wenige Punkte zu beschränken. Sonst „verzetteln" Sie sich und nichts funktioniert richtig.
- Selbstgespräche: Sprechen Sie sich selbst Mut zu; am besten laut und deutlich. Wählen Sie dabei stets positive Formulierungen: Anstelle von „Ich werde nicht vom Pferd fallen" besser „Ich sitze entspannt und sicher im Sattel".

Diese Tipps helfen auch in anderen Situationen, in denen wir uns fürchten: Bei Bewerbungsgesprächen, unangenehmen Aussprachen und öffentlichen Vorträgen.

Übrigens ist es keine Schande, in manchen Situationen aus dem Sattel zu steigen. Wenn Sie sich am Boden sicherer fühlen, steigen Sie ab und meistern Sie die Situation vom Boden aus. Ihre Sicherheit wird sich auf das Pferd übertragen.

Wir sollten im Umgang mit Pferden stets die Sicherheit haben, auch in Stresssituationen gelassen reagieren zu können. Dazu gehören das notwendige Wissen und das notwendige Können. Nur wenn wir wissen, dass wir auch einen kleinen Hüpfer des Pferdes aussitzen, dass wir das Pferd auch nach einem kleinen Spurt wieder beruhigen können und dass wir uns im Sattel nicht in ständiger „Wohnungsnot" befinden, haben wir die Souveränität, schwierige Situationen zu meistern. Deshalb ist das Bemühen um permanentes Verbessern unserer reiterlichen Fähigkeiten ein absolutes Muss. Seminare, Kurse, Videos und Bücher helfen, unser Wissen zu mehren. Wie heißt es so schön: Lesen gefährdet Ihre Dummheit. Es wäre schön, wenn der Trend zum Zweitbuch sich auch in der Pferdewelt durchsetzen würde. Denn: Wo Wissen und Können enden, beginnt Gewalt. Der Besuch von Fortbildungsveranstaltungen und die Lektüre von Fachbüchern sind folglich aktiver Tierschutz!

FREI ZUM ABFLUG

Pferde sind die besseren Menschen
BESSER ALS JEDE VERSICHERUNG – SICHERHEIT UND SCHUTZ

Zudem müssen wir lernen, unsere eigenen Instinkte zu beherrschen. Sobald wir auf einem Pferd Angst bekommen, versuchen wir instinktiv unseren ungeschützten Bauchraum abzusichern. Automatisch nehmen wir die Embryostellung ein. Dazu ziehen wir die Knie hoch und beugen uns nach vorn. Das Resultat: Wir fallen vom Pferd. Durch das Hochziehen der Knie verlagern wir unseren Schwerpunkt nach oben, und durch das Verlagern unseres Oberkörpers kommen wir in Vorlage. So sind wir bereit zum „Abflug".

Ein Blick auf die Rodeoreiter: Sie spreizen die Beine zur Seite ab, um seitwärts die Bewegungen des Pferdes mit dem Steigbügel abfangen zu können. Sie lehnen sich konstant nach hinten, um den schnellen Wechsel von Vor- und Zurückbewegung des Pferdes ausgleichen zu können. Die Zügel bleiben lang, da sonst die Gefahr besteht, dass sich ein steigendes Pferd überschlägt. Und: Sich am Sattel festhalten ist in solchen Situationen keine Schande. Die „Rodeoreiterposition" sollten wir reflexartig einnehmen können. Sie muss das instinktive Hochziehen der Knie und das Nach-vorne-beugen ersetzen.

Pferde sind die besseren Menschen
BESSER ALS JEDE VERSICHERUNG – SICHERHEIT UND SCHUTZ

Der Sitz für kritische Situationen.

Es ist unmöglich, sich auf einem bockenden Pferd mit den Beinen festzuklammern. Das ist auch dem stärksten Athleten nicht möglich. Der Versuch, sich festzuklammern, bringt automatisch den „Kirschkerneffekt" mit sich. Nehmen wir einen Kirschkern zwischen Daumen und Zeigefinger flutscht er uns zwischen den Fingern davon. Genauso geht es einem Reiter, der versucht, sich mit den Beinen am Pferd festzuklammern. Er drückt sich nach oben und verschiebt so seinen Schwerpunkt vom Pferd weg.

Viele unruhige Pferde beruhigen sich allein dadurch, dass der Schenkel- und Zügeldruck genommen wird. Vor allem durchgehende Pferde werden in der Regel dadurch schneller, dass der Reiter sich festklammert und am Zügel zieht. Das Pferd spürt Dauerdruck, ist sich sicher, einen Löwen im Nacken zu haben und beschleunigt die Flucht. Der Dauerdruck und der Schmerz im Maul lassen das Pferd noch einen Gang zulegen.

RESPEKT SENKT DAS UNFALLRISIKO

Reitsport gilt als gefährliche Sportart. Keinem Reiter ist die Angst, vom Pferd zu fallen, völlig fremd. Ein Blick in die Statistik zeigt jedoch, dass die Gefahren im Reitsport einen anderen Schwerpunkt haben: Die meisten Unfälle gehen auf das Konto von Unwissenheit im Umgang mit dem Pferd. Respektlose Pferde beißen, schubsen, stellen sich auf unsere Füße und rempeln. Dabei zieht der Mensch eindeutig den Kürzeren. Nicht selten sind ernste Verletzungen die Folge. Das Klären der Rangordnung zugunsten des Menschen ist die beste Unfallprävention. Wenn wir dann noch vorausschauend denken und Sicherheitsregeln beachten, dann lassen sich viele Unfälle, viele Schmerzen vermeiden. Also: Niemals mehr den Führstrick um die Hand wickeln, ein Pferd immer zu sich drehen, bevor man ihm das Halfter vom Kopf nimmt, um es auf die Weide zu entlassen, und einen Engpass stets vor dem Pferd passieren.

ÜBERFORDERN
Mit kleinen Schritten zum großen Ziel

Wir können nur Sicherheit vermitteln, wenn wir Herr der Lage sind. Daraus folgt zum einen, dass wir nichts vom Pferd verlangen sollten, was außerhalb unserer eigenen Fähigkeiten und Kenntnisse liegt, und zum anderen müssen wir uns davor hüten, unser Pferd zu überfordern. Physische und psychische Überforderung untergraben das Vertrauen. Überforderung macht mutlos und unsicher. Deshalb sollten wir uns, wenn wir einem Pferd, oder auch einem Menschen, etwas Neues beibringen möchten, stets auf eine einzige Aufgabe beschränken. Diese Aufgabe zerlegen wir in kleinstmögliche Teile. So haben wir die größtmögliche Sicherheit, dass diese auch erfolgreich erreicht werden. Das Pferd erlebt so beim Erlernen einer neuen Aufgabe ganz viele Teil-Erfolge, und wir Menschen haben ganz viele Anlässe, uns über diese Teil-Fortschritte zu freuen und unser Pferd zu loben. So motiviert

Pferde sind die besseren Menschen
BESSER ALS JEDE VERSICHERUNG – SICHERHEIT UND SCHUTZ

kleinschrittiges Training zu mehr, während Training, das ausschließlich das Endziel vor Augen hat, schnell überfordert und jede Motivation schwinden lässt.

Sie möchten Ihrem Pferd den „Spanischen Schritt" beibringen? Sie haben genau vor Augen, wie Ihr Pferd stolz und erhaben im Spanischen Schritt über die Mittellinie der Reitbahn schreitet. Eine schöne Vorstellung! Dieses Ziel sollten Sie nie aus dem Auge verlieren. Doch wenn Sie Ihr Pferd erst beim Erreichen dieses Zieles loben, dann werden Sie wahrscheinlich nie loben, denn Sie werden das Ziel wahrscheinlich nicht erreichen. Denn Ihr Pferd, und sicherlich auch Sie selbst, werden vorher die Lust und Motivation zum Lernen verlieren. Stattdessen: Loben Sie jeden kleinen Schritt in die gewünschte Richtung. Versichern Sie Ihrem Pferd, dass es das beste Pferd der Welt ist, wenn es auf das Signal hin die Bereitschaft zeigt, sein Vorderbein zu heben. So macht Lernen Pferd und Mensch Freude.

Das Ziel ist erreicht. Aber: Der Weg ist das Ziel!

Schneller, höher, weiter!? – Zielstrebigkeit und Ehrgeiz

Wider die Planlosigkeit
Über Zufriedenheit und Glück

An dieser Stelle einige Gedanken zum Thema *Zielstrebigkeit und Ehrgeiz*. Es ist wichtig, sich im Leben realistische Ziele zu setzen und sich zu bemühen, diese Ziele auch zu erreichen. Die entscheidende Frage ist jedoch: Warum möchte ich mein Ziel erreichen? Worum geht es mir? Ist es mein Wunsch, zufrieden oder gar glücklich zu werden? Dann habe ich gute Chancen, dieses Ziel auch zu erreichen. Oder möchte ich im Vergleich mit anderen möglichst gut dastehen? Zufrieden und glücklich werde ich nicht, wenn ich anderen „mein Haus, mein Boot, mein Pferd" präsentieren kann. Glücklich und zufrieden werde ich nicht durch das, was ich besitze. Zufrieden werde ich, wenn ich die Realität bedingungslos anerkenne. Und wenn ich sie sogar noch wertschätze, dann habe ich gute Chancen, Momente des Glücks erleben zu dürfen.

> „Wer sich mit dem Unvermeidlichen anfreundet,
> wird unvermeidlich glücklich."
> *Karl Jaspers (1883-1969)*

Verfolge ich hingegen das Ziel, besser als die anderen zu werden, dann ist mein Scheitern vorprogrammiert. Selbst wenn es mir für kurze Zeit gelingt, der Beste zu sein, über kurz oder lang werde ich mit Sicherheit überholt, überboten, übertrumpft. Weltmeisterschaftstitel haben eine geringe Haltbarkeit. Wenn ich besser sein will als andere, ist mein Glück folglich nur von kurzer Dauer. Die Folge: Ich bin enttäuscht und frustriert. Deshalb habe ich gegenüber dem Leistungssport meine Vorbehalte. Nicht selten verdirbt Leistungssport den Charakter. Ich frage mich: Warum streben so viele Menschen dem Ziel entgegen, andere zu deklassieren, um als der Beste dazustehen? Warum versuchen auch liebende Eltern immer wieder ihre Kinder zu Leistungen anzustacheln und Kinder in Situationen und Positionen zu bringen, mit denen sie hoffnungslos überfordert sind? Warum versuchen Pferdemenschen ohne Rücksicht auf die ihnen anvertrauten Wesen, diese zu Höchstleistungen zu bringen, ohne Rücksicht auf deren Gesundheit und Wohlbefinden? Dazu haben Menschen kein Recht. Menschen, die in sich ruhen, haben dies zum Glück nicht nötig.

INNERE UNABHÄNGIGKEIT
Einige Anregungen

Wie finde ich die innere Ruhe, die mich unabhängig vom Vergleich mit anderen macht? Meines Erachtens ist es wichtig:
- *Sich seiner inneren Werte bewusst zu werden*: Diese inneren Werte haben nichts mit äußerer Leistung zu tun. Sie sind vollkommen unabhängig von Jahreseinkommen, Aussehen, Alter, Intelligenzquotient oder dergleichen.
- *Training der emotionalen Unabhängigkeit:* Ich mache mir bewusst, dass nur ich selbst verantwortlich für meine Gefühle bin, nicht andere Menschen, Situationen oder Lebensumstände.

Pferde sind die besseren Menschen

SCHNELLER, HÖHER, WEITER!? – ZIELSTREBIGKEIT UND EHRGEIZ

- *Sich selbst nicht so wichtig nehmen:* Es geht auch ohne uns – und manchmal sogar besser.
- *Ab und zu mal die Perspektive wechseln:*

Wer einen festen Standpunkt hat, hat einen eingeschränkten Horizont. Ich kann mich über den Wecker, der morgens klingelt, ärgern. Ich kann mich aber auch darüber freuen, dass ein neuer Tag beginnt. Ich habe die Wahl. Es gibt viele Gelegenheiten, sich zu ärgern. Aber ich bin nie dazu verpflichtet. Betrachten wir Gläser

Pferde sind die besseren Menschen
SCHNELLER, HÖHER, WEITER!? – ZIELSTREBIGKEIT UND EHRGEIZ

doch lieber als halbvoll anstelle von halbleer. Man kann den Eindruck gewinnen, an manchen Tagen sei alles gegen uns: Die Milch ist sauer, der Parkplatz bereits belegt, die Schulnoten der Kinder besorgniserregend, der Hund immer noch nicht stubenrein. Gerade an solchen Tagen hilft es, sich neu zu fokussieren.

Um unseren Blickwinkel zu verändern, können uns ein paar Steine helfen: Stecken Sie sich morgens früh etwa zehn Stück in die rechte Hosentasche. Jedes Mal, wenn Sie einen Grund zur Freude wahrnehmen, lassen Sie einen Stein von der rechten in die linke Hosentasche wandern. Es spielt keine Rolle, welchen Auslöser zur Freude Sie wahrnehmen; alles ist erlaubt: Lächelnde Kinder, ein Sonnenstrahl, spielende Hundewelpen, der eigene Ehepartner oder auch ein Gänseblümchen. Wichtig ist nur, dass Sie Ihre Augen offenhalten. Bald werden Sie mehr als eine Handvoll Steine brauchen. Auch an Tagen, an denen die Milch sauer ist, der Hund in die Wohnung pinkelt oder Sie ernsthafte Sorgen haben.

- Haben wir Vertrauen in das, was kommt: Wir können nicht alles verstehen, dazu sind wir zu beschränkt. Aber wir können darauf vertrauen, dass alles seinen Sinn hat und Chancen in sich birgt. Auch wenn er sich mir nicht auf den ersten Blick erschließt.
- Alles im Leben hat seine Zeit. Kinder werden erwachsen und gehen ihre eigenen Wege; wir werden älter und unsere körperlichen Kräfte lassen nach. Unsere Ziele, Wünsche, Interessen und Fähigkeiten unterliegen einem ständigen Wandel. Lernen wir, Abschied zu nehmen mit einem dankbaren Blick zurück und mit Neugier auf das, was kommen mag. Wer an Vergangenem klammert, übt Druck aus; auf sich selbst und seine Mitmenschen. Freuen wir uns über den Freiraum, den wir gewinnen, wenn unsere Söhne und Töchter auf eigenen Beinen stehen. Seien wir froh, dass Jugend kein Dauerzustand ist. Wir haben die Pubertät überstanden und sind eventuell ein wenig selbstsicherer und gelassener geworden. Dafür kann man ein paar Falten (am besten Lachfalten) gern in Kauf nehmen. Jede Lebensphase hat ihren Reiz; nutzen

wir sie und trauern Vergangenem nicht nach. Abschied heißt: Etwas Neues kommt.
- Es besteht keine Meldepflicht für schlechte Laune. Teilen wir unsere schlechte Laune den Bäumen im Wald mit, aber nicht unseren Arbeitskollegen, Ehepartnern, Freunden und Kindern. Gute Laune hingegen darf mitgeteilt werden. Mit guter Laune dürfen wir Mitmenschen infizieren. Das ist am einfachsten, wenn wir unser Gesicht von unserer guten Laune in Kenntnis setzen.

> *„Wende dein Gesicht der Sonne zu,*
> *dann fallen die Schatten hinter dich."*
> Aus Afrika

Ein bekannter Pferdetrainer bekundete mir einmal sein Desinteresse, Zirkuskurse anzubieten. Seine Begründung: „Die wollen doch nur spielen!" Ist es nicht viel erstrebenswerter, das Leben spielerisch anzugehen, als immer nur hart zu arbeiten? Ist es für uns und unsere Pferde nicht viel schöner, wenn wir uns immer wieder spielerisch motivieren? Zirkuslektionen eignen sich hervorragend, um den Spieltrieb von Pferden zu befriedigen. Ist Arbeit als Selbstzweck tatsächlich erstrebenswert? Ich finde, Arbeit sollte dazu dienen, gut zu leben, gute Lebensmöglichkeiten zu schaffen, um Zeit zum Spielen und zum Erleben zu gewinnen. Ich bin unendlich dankbar dafür, dass mir meine Arbeit „spielerisch von der Hand geht".

„Wer nicht weiß, wohin er möchte, der darf sich nicht darüber wundern, wenn er ganz woanders ankommt."

Wollen wir uns nicht planlos verzetteln, brauchen wir Ziele. Und: Wir brauchen einen Plan, wie wir dieses Ziel erreichen können – oft auch einen Alternativplan B und einen Plan C. Wir müssen unsere Ziele manchmal neuen Gegebenheiten anpassen. Wir sollten unser Glück und unsere Zufriedenheit nicht allein auf das Ziel fixieren, sondern vielmehr den Weg dorthin mit einbeziehen. Wir erreichen unser Ziel sicherer und auf jeden Fall mit viel mehr Freude, wenn wir uns an dem Weg dorthin erfreuen. Setzen wir uns zu unserem Ziel viele kleine Etappenziele. So haben wir viele Anlässe, über die wir uns von Herzen freuen und für die wir uns selbst und unsere zwei- und vierbeinigen Partner belohnen können. Wenn wir unser Ziel derart verfolgen, werden wir wahrscheinlich nicht nur zufrieden, sondern auch glücklich; und mit uns die Lebewesen, mit denen wir leben. Bitte bei aller Zielstrebigkeit nicht vergessen: Der sicherste Weg ins Unglück ist das Anstreben von Perfektion! Seien wir milde und gütig zu uns selbst, im Umgang mit unseren Schwächen und Fehlern; und weiten wir diese Milde auf unsere Mitmenschen und Pferde aus.

WENIGER IST MEHR
Nicht immer 100 %

Das Paretoprinzip, die so genannte 80–20 Regel besagt, dass 80 % der Ergebnisse in 20 % der Gesamtzeit eines Projektes erreicht werden. Um die verbleibenden 20 % zu erreichen, sind hingegen 80 % des gesamten Arbeitsaufwandes vonnöten. Wir erreichen folglich mit einem kleinen Teil unserer Zeit, Energie, Gedanken und sonstigen Ressourcen bereits eine große Wirkung. Ist es wirklich lohnend, 80 % mehr Einsatz zu bringen, um 100 % zu erreichen? Wer mit Pferden nach der 80–20 Regel arbeitet, hat zufriedenere Pferde, und auch der Pferdebesitzer selbst wird zufriedener sein. Und: Wenn wir uns in fünf Bereichen mit 20 % einbringen, bekommen wir 400 % Ergebnis. Zudem werden wir so davor geschützt, zu Fachidioten zu werden. Verlange ich von einem Pferd im Training 100 % Einsatz, werde ich es auf Dauer physisch und psychisch überfordern. Die Folge: Ein frustriertes Pferd, das aus den verschiedensten Gründen immer wieder dem Tierarzt vorgestellt werden muss. Und ein unzufriedener Mensch mit schwachem Nervenkostüm, der die Freude am Zusammensein mit seinem Pferd verliert. Nicht nur im Wirtschaftsleben, auch in der Arbeit mit Pferden gilt: Oft ist weniger mehr!

Die Turmbesteigung

An dieser Stelle ein Gleichnis, das uns nicht nur Impulse gibt, über das Erreichen eines Zieles nachzudenken, sondern uns auch die Andersartigkeit unserer Mitmenschen wertzuschätzen lehrt:

Es kommt im Leben nicht darauf an, Ziele möglichst schnell zu erreichen. Der Weg dorthin ist entscheidend.

Das Leben ist vergleichbar mit einem Turm, den man besteigen möchte: In der oberen Etage warten Erkenntnis, Licht, Liebe und Weisheit. Doch wer im Schnelldurchlauf die Treppen hochhechtet, riskiert Schnappatmung, Herzinfarkt oder gar Herzstillstand. Besser: Auf jeder Etage verweilen, aus dem Fenster schauen und das, was man sieht, aufnehmen, verstehen, einordnen. Und: Sich die Zeit nehmen, um mit anderen Menschen, die aus anderen Fenstern geschaut haben, zu reden. Wenn diese aus ihrem Fenster das Meer gesehen haben und ein anderer aus seinem Fenster eine Blumenwiese, dann haben beide recht und können sich bereichern. Ein Streit über verschiedene Aussichten (und Einsichten) ist wenig hilfreich. Je höher man steigt, desto weiter wird der Horizont. Und selbst wenn man nicht bis zur oberen Etage gelangt, hat es sich auf jeden Fall gelohnt, den Turm zu betreten.

WOHIN DES WEGES?

Erwarten wir im Leben nicht, dass wir es schaffen, die Spitze des Turmes zu erreichen. Dazu sind wir zu beschränkt. An dieser Stelle tut uns ein wenig Demut gut. Trotzdem ist es sinnvoll, das Ziel zu verfolgen, den Turm zu betreten und so hoch wie möglich hinaufzusteigen. Bei jedem Ziel, das wir uns im Leben setzen, sollten wir uns dabei vor Augen führen, dass es sich um ein Etappenziel handelt.

Oft ist es so, dass man nach dem Erreichen eines Zieles, in das bekannte „schwarze Loch" fällt. Sobald die Prüfungsarbeit abgegeben, das Haus fertig gebaut, der Berg bestiegen oder die Reise vorbei ist, empfindet man nicht selten unendliche Leere. Die Leere wird in der Regel umso intensiver empfunden, je größer und kräftezehrender der Einsatz zum Erreichen des Zieles war. Meiner Meinung nach kann es hilfreich sein, sich beim Setzen von Zielen zu fragen: Bringt mich dieses Ziel der „Spitze des Turmes" näher, trete ich nur auf der Stelle oder führt mich dieses Ziel gar ein paar „Etagen" tiefer? Ziele, die ich lediglich erreichen möchte, um besser als andere zu sein, bereichern das Leben nicht. Durch sie begebe ich mich in eine Spirale aus Stress, Unzufriedenheit und Unsicherheit. Diese ehrgeizigen Ziele tun nicht gut. Ich verwende viel Zeit und Energie darauf, sie zu erreichen. Doch oftmals macht mich der Einsatz dieser Zeit und Energie nicht glücklich und zufrieden, ich fühle mich vielmehr ausgelaugt und gestresst. Und sobald das Ziel erreicht ist, wartet die „gähnende Leere" auf mich. Was ist daran erstrebenswert?

Wenn mich meine Ziele „treppaufwärts" zur Spitze des Turms führen, dann freue ich mich über jede noch so kleine Stufe, die ich erklimmen konnte. Dieses Erklimmen ist sicherlich oftmals mit Mühen und Anstrengung verbunden, aber stets auch mit Freude am Tun. Habe ich ein Etappenziel erreicht, so muss ich keine unendliche Leere fürchten. Vielmehr kann ich mich freuen, dass es nach einer verdienten Verschnaufpause weitergeht; weiter turmaufwärts. Ich muss keine Sorge haben, dass mein Leben irgendwann ziel- und planlos wird. Denn: Die Spitze des Turmes werde ich nicht erreichen. Aber der Weg dorthin ist es wert! Er macht Freude und schenkt Glück und Zufriedenheit!

Pferde sind die besseren Menschen

SCHNELLER, HÖHER, WEITER!? – ZIELSTREBIGKEIT UND EHRGEIZ

WENN ZWEI DAS GLEICHE TUN, IST ES NOCH LANGE NICHT DASSELBE

Rein äußerlich ist es nicht immer einfach, am Tun eines Menschen das dahinterstehende Ziel zu erkennen. Zwei Menschen beginnen zu joggen: Der eine, um im nächsten Berlinmarathon zu siegen; der andere, um seiner Gesundheit etwas Gutes zu tun und aus Freude an der Bewegung. Das Training beider Menschen muss sich nicht zwingend unterscheiden. Beide werden schwitzen, Muskelkater bekommen und Kämpfe mit ihrem inneren Schweinehund ausfechten. Auf den einen wartet nach dem Berlinmarathon vielleicht ein Moment der Freude – wenn er denn wirklich gewinnt – und dann die gähnende Leere. Es ist sogar wahrscheinlich, dass sogar der Moment der Freude entfällt: Nämlich dann, wenn ein anderer besser war und er „nur" Platz zwei belegt.

Der andere hingegen freut sich über seine Fortschritte, genießt den Rausch, der sich bei langen Läufen einstellt, und dabei die Natur, seinen eigenen Körper und den Sieg über seinen Schweinehund. Dies gilt selbstverständlich auch für Zielsetzungen im Umgang und in der Ausbildung von Pferden. Arbeiten wir mit Pferden, um „schneller, höher, weiter" zu sein, dann ist die Enttäuschung vorprogrammiert. Das Schlimme dabei: Diese Enttäuschung werden wir vor dem Pferd nicht verbergen können. Eine echte Liebe kann so nicht entstehen.

Ein Pferdeausbilder verabschiedet sich am Ende seiner Kurse oft mit den Worten: „Ich wünsche euch, dass eure Träume und Ziele in Erfüllung gehen; sofern sie gut für euch sind." „Sofern sie gut für euch sind" ist meiner Meinung nach von größter Bedeutung.

Gemeinsam über Hindernisse

Liebe ist ...
Zuwendung und Anerkennung

*Ohne „Wenn und Aber":
Über bedingungslose Anerkennung*

Pferde brauchen Sicherheit. Und Pferde brauchen Zuwendung und Anerkennung. Auch in diesem Punkt unterscheiden sich Pferde nicht vom Menschen. Anerkennung heißt, wir nehmen ein Lebewesen so an, wie es ist, und nicht, wie es sein sollte. Dabei spielt es keine Rolle, ob es sich bei dem Lebewesen um einen Menschen oder um ein Tier handelt. Anerkennung und Liebe sind nicht an irgendwelche Bedingungen gebunden, die erfüllt werden müssen. Eine bedingte Anerkennung, „Ich würde dich ja mögen, wenn du so wärest, wie ich dich gerne hätte", hat nichts mit Zuwendung oder gar mit Liebe zu tun. Liebe ist unabhängig von Schulnoten, Körpergewicht, hausfraulichen Fähigkeiten und sportlichen Erfolgen. Die Fähigkeit, andere bedingungslos anzuerkennen, ist leider bei jedem Menschen unterschiedlich ausgeprägt.

DRUM PRÜFE, WER SICH (EWIG) BINDET

Selbstverständlich haben wir Wünsche und Erwartungen an unseren (vierbeinigen) Partner. Wir sollten genau hinschauen, ob unser Partner diese Wünsche tat-

Pferde sind die besseren Menschen
LIEBE IST ... – ZUWENDUNG UND ANERKENNUNG

sächlich erfüllen kann. Grundsätzlich können wir weder ein Pferd noch einen Menschen ändern. Wenn es mein Traum ist, mit meinem Pferd Distanzritte zu bewältigen, sollte ich mich nach einem Pferd umschauen, das die physischen und psychischen Qualitäten dazu mitbringt. Mit einem arabischen Pferd werde ich vermutlich meinen Traum verwirklichen können, während für einen Kaltblüter lange Distanzen eher ein Alptraum sein werden. Ist es hingegen mein Traum, mit meinem Pferd mit dem Planwagen durch die Lande zu ziehen, ist der Kaltblüter das Traumpferd schlechthin. Stelle ich fest, dass meine Wünsche mit meinem Pferd nicht zu verwirklichen sind, habe ich verschiedene Möglichkeiten.

Möglichkeit eins: Ich trenne mich von meinem Pferd; schaue, dass mein Pferd einen passenden neuen Besitzer findet und ich ein passendes Pferd für meine Wünsche.

„Auf den Baum mit euch! Ihr habt alle die gleichen Chancen!"

Pferde sind die besseren Menschen
LIEBE IST ... – ZUWENDUNG UND ANERKENNUNG

Möglichkeit zwei: Ich verabschiede mich von meinen Wünschen. Das ist möglich, aber nicht unbedingt einfach. Dabei ist es hilfreich, sich nicht nur von seinen Wünschen zu verabschieden, sondern sich zeitgleich nach neuen Zielen umzuschauen, die mit dem Pferd realisierbar sind.

Möglichkeit drei: Ich minimiere meinen Wunsch. Ich beschränke mich beim Distanzreiten beispielsweise auf kurze Strecken, die mein Pferd meistern kann. Ich passe mein Ziel den Möglichkeiten des Pferdes an.

Möglichkeit vier: Ich behalte mein Ziel bei und intensiviere das Training, um vielleicht das Ziel doch mit meinem Pferd erreichen zu können. In Ausnahmefällen mag dies gelingen, in der Regel ist diese Möglichkeit zum Scheitern verurteilt und führt zu Überforderung und Unzufriedenheit bei Mensch und Pferd.

Achtung: Nicht nur meine Wünsche und Erwartungen sollten zum Pferd passen; noch wichtiger ist es, dass meine Fähigkeiten dem Pferd entsprechen. Mit einem dominanten, temperamentvollen Pferd ist ein Anfänger schnell überfordert. Das führt nicht nur zu Unzufriedenheit, sondern kann hochgradig gefährlich werden. In solchen Fällen kommt man nicht umhin, sich professionelle Hilfe zu holen oder sich von dem Pferd zu trennen. Und bitte: Versuchen Sie, Ihre Fähigkeiten so realistisch wie möglich einzuschätzen. Selbstüberschätzung kann gefährliche Konsequenzen haben. Falsche Bescheidenheit kann dazu führen, dass man sein Potenzial nur unzureichend ausschöpft.

LIEBE BEDEUTET RESPEKT

Wir sehnen uns alle danach, geliebt zu werden; auch von unseren Pferden. Wir müssen jedoch genau hinschauen, wie Pferde uns ihre Liebe zeigen. Berühren Pferde uns permanent, schubbern ihren Kopf an uns, so ist dies kein Zeichen von Liebe, sondern von Respektlosigkeit. Wir sind für sie lediglich ein lebendiger Scheuerpfahl. Mit Liebe hat dieses Verhalten nichts, aber auch gar nichts zu tun.

Pferde sind die besseren Menschen
LIEBE IST ... – ZUWENDUNG UND ANERKENNUNG

Wohlfühlkraulen

Pferde zeigen ihre Liebe durch Respekt und dadurch, dass sie gerne bei uns sein mögen.

Wie können wir Pferden unsere Zuwendung zeigen? Wir bieten ihnen Schutz und sorgen für die Befriedigung ihrer Grundbedürfnisse. Außerdem können wir Pferden unsere Zeit schenken. Und zwar nicht nur Zeit der gemeinsamen Arbeit, sondern auch Zeiten des gemeinsamen Weidens und Ruhens. Pferde, die sich mögen, betreiben Fellpflege, kraulen sich gegenseitig den Widerrist. Was machen viele Reiter? Nach erfolgreich erbrachten Leistungen schlagen sie ihrem Pferd auf den Hals. Kein Pferd der Welt empfindet diese Art der Berührung als angenehm. Auch Pferde genießen zärtliche Berührungen. Machen wir uns die Mühe, die Stellen herauszufinden, an denen sie besonders gerne gekrault werden; und nehmen wir uns die Zeit, dies ausgiebig zu tun.

Es lohnt sich!
Lernen

Wider die Lernresistenz
Über richtige Lernmotivation

Eine ernüchternde Tatsache vorweg: Menschen sind in der Regel nach der Pubertät nicht mehr belehrbar. Erwachsene lernen nahezu ausschließlich in Krisensituationen. Wir brauchen den Druck einer unerträglichen Situation, um unser Verhalten dauerhaft zu ändern. Solange alles „glatt läuft", sehen wir keine Notwendigkeit zur Verhaltensänderung. Wir Menschen haben allerdings eine ausgeprägte Fähigkeit, Schwierigkeiten und Probleme zu ignorieren, sie schönzureden oder aus ihnen gar eine „Glanzleistung" zu machen. Nicht wenige Menschen sind stolz auf ihr „temperamentvolles" Pferd, das sie regelmäßig über den Haufen rennt, oder rühmen sich ihres aufbrausenden Charakters, den sie als absolute Ehrlichkeit darstellen. Ein wenig Selbstkritik schadet nicht.

In Anbetracht dieser schwierigen Ausgangsposition, ist es mehr als verständlich, dass jede Regung von Lernbereitschaft sofort positiv verstärkt werden sollte.

EIN LEERER BAUCH STUDIERT NICHT GERN

Wichtig: Bevor wir möchten, dass unser Gegenüber etwas lernt, muss sichergestellt sein, dass seine Grundbedürfnisse befriedigt sind. Lebewesen, die Hunger, Durst

Pferde sind die besseren Menschen
ES LOHNT SICH! – LERNEN

Möglichst artgerechte Haltung befriedigt die Grundbedürfnisse des Pferdes.

oder Angst haben, unter Kälte, Müdigkeit oder Bewegungsstau leiden, sind nicht in der Lage zu lernen. Es ist völlig gleichgültig, ob das Lebewesen zwei oder vier Beine hat. Wer von seinem Pferd nach über zwanzig Stunden Boxenhaft und reichlich Kraftfutter gelassenes Stillstehen verlangt, überfordert sein Pferd. Wer seinem Pferd unnatürliche Boxenhaft, unnatürliche Fütterung und unnatürliche Fresszeiten zumutet und es zudem von Artgenossen fernhält und es von frischer Luft und Temperaturreizen abschottet, der handelt zutiefst rücksichtslos. Pferde brauchen die Geborgenheit der Herde, brauchen Beziehungen und Freundschaften zu anderen Pferden. Wie können wir erwarten, von unserem Partner geliebt zu werden, wenn wir ihm die Befriedigung seiner natürlichen Grundbedürfnisse vorenthalten? Liegt es daran, dass manche Menschen von ihrem Pferd weniger Liebe, als vielmehr sportliche Leistungen erwarten?

WIR SCHAFFEN EINE GUTE LERNATMOSPHÄRE, INDEM WIR

- zuvor die Grundbedürfnisse unseres Gegenübers befriedigen
- eine gute, entspannte Atmosphäre schaffen
- Hektik und Stress verbannen und uns stattdessen viel Zeit nehmen
- nicht auf Fehler warten, sodass wir keine Kritik üben müssen
- geduldig warten, bis wir einen Grund zum Loben finden

MULTITASKING IST IM PFERDESTALL TABU

Um eine solche Atmosphäre entstehen zu lassen, müssen wir uns körperlich und mental auf das Zusammensein mit unserem Pferd vorbereiten. Ein Blick in eine

Multitasking ist im Pferdestall tabu.

Pferde sind die besseren Menschen

ES LOHNT SICH! – LERNEN

typische Alltagssituation: Kurz vor Feierabend ruft ein wichtiger Kunde an, wir müssen Überstunden machen. Auf der Heimfahrt stehen wir im Stau. Zu Hause wartet das Chaos auf uns: Der Sohn hat die Mathearbeit in den Sand gesetzt, die Nachbarin möchte sich ein Ei ausborgen, unser Partner erzählt vom Ärger mit seinem Chef, der Wäscheberg ähnelt der Zugspitze, die Mülltonne muss vor die Tür, das Unkraut im Garten gedeiht prächtig ... Wir geben alles und sind gegen 20 Uhr endlich beim Pferd; eigentlich möchten wir heute mal wieder früh ins Bett. In unserem Kopf kreisen die Gedanken: Nachhilfe für den Sohn, anstehender Großeinkauf, der Termin mit wichtigen Kunden, die Sorgen des Ehepartners, der Löwenzahn im Vorgarten. Die Gedanken kreisen und kreisen, nur nicht ums Pferd. So können wir unserem Pferd kein guter Chef sein, so wird das Pferd nichts lernen. Also: Nehmen wir uns vorher bewusst Zeit, den „Hebel umzulegen". Stimmen wir uns auf unser Pferd ein. Ob wir meditieren, Joga machen, eine Tasse Kaffee genießen, die Box misten oder mit dem Hund eine Runde drehen, spielt keine Rolle. Auch wenn manchen Menschen diese Fähigkeit nachgesagt wird: Multitasking hat im Pferdestall nichts verloren. Unser Pferd hat unsere komplette Aufmerksamkeit verdient; unser Ehepartner, unsere Kinder und unsere Freunde im Übrigen auch.

Und noch eine kurze Anmerkung: Auch von körperlicher Vorbereitung profitieren Mensch und Pferd! Wer eiskalt mit verkrampfter Muskulatur aufs Pferd steigt, kann nicht geschmeidig sitzen und harmonisch reiten. Auch wenn es in den meisten Reitställen unüblich ist: Wärmen Sie sich auf, bevor Sie in den Sattel steigen.

WARUM LERNEN WIR?

Jedes Lebewesen handelt und lernt aus zweierlei Motiven: *Der Hoffnung auf einen Vorteil* und *der Sorge vor einem Nachteil*. Es sollte sich von selbst verstehen, dass Dressur und Erziehung mit der „Peitsche im Nacken", also mit der ständigen Androhung von Nachteilen, wenig Erfolg versprechend ist. Mit dieser Methode produzieren wir zwei- und vierbeinige ängstliche Duckmäuser. Mit der Hoffnung auf einen Vorteil erziehen wir uns hingegen hoch motivierte, freudig mitarbeitende Partner. Diese Methode verlangt eins: Zuverlässigkeit. Das heißt: *Wir müssen immer und unter allen Umständen gewünschtes Verhalten belohnen.* Dazu müssen wir nicht tonnenweise Leckerchen in unser Pferd stopfen. Das wäre sogar ungesund und kontraproduktiv. Wir dürfen es aber nie als Selbstverständlichkeit hinnehmen, dass ein Pferd oder ein Mensch so agiert, wie wir es möchten. *Eine Belohnung ist die beste Motivation, immer bessere Leistungen freudig zu erbringen.* Die Belohnung ist für das Pferd ein Stück Sicherheit.

GUTE UMGANGSFORMEN

Die Belohnung muss der erbrachten Leistung allerdings angepasst sein. Bringt ein Pferd eine große Leistung, steht ihm eine große Belohnung zu; beispielsweise, wenn es sich das erste Mal auf Aufforderung hinlegt. Ist diese Leistung für das Pferd im Laufe der Zeit selbstverständlich geworden, so erhält es dafür nur noch eine kleine Belohnung, zum Beispiel ein kurzes Kraulen des Widerristes. Aber auch für „Routineleistungen" sollte das Pferd ein Dankeschön erhalten, denn sie sind nicht selbstverständlich. *„Bitte" und „Danke" erleichtern nicht nur den zwischenmenschlichen Umgang, sondern auch das Miteinander von Pferd und Mensch.*

So ist das „Bitte" immer die Vorstufe eines Kommandos. Im besten Fall reagiert unser Gegenüber – Pferd wie Mensch – bereits auf die Bitte, und das Kommando wird überflüssig. So ist beim Anreiten beispielsweise das deutliche Einatmen das „Bitte", das den Einsatz des Schenkels überflüssig macht, wenn das Pferd auf das Einatmen hin antritt. Das „Bitte" zum Durchparieren ist das Ausatmen. Reagiert das Pferd bereits auf die Bitte, werden Zügelkommandos überflüssig.

Pferde sind die besseren Menschen
ES LOHNT SICH! – LERNEN

Die richtigen Umgangsformen machen Zügel überflüssig

FÜR NIX GIBT'S NIX

Der Dreisatz „Kommando – Ausführung – Belohnung" muss immer ein Dreisatz bleiben. Er darf kein „Zweisatz" oder gar ein „Einsatz" werden. „Kommando – Ausführung" ist ohne Belohnung für das Pferd ein Zeichen unserer Unzuverlässigkeit und demotivierend. Stopfe ich meinem Pferd zur Begrüßung auf der Weide oder der Box einfach so ein Leckerchen ins Maul, beschränke ich mich auf einen „Einsatz". Das ist zwar nett und freundlich gemeint, aber absolut kontraproduktiv. Das Pferd lernt so, dass es auch ohne erbrachte Leistung ein Recht auf ein Leckerchen hat. Die Folge sind bettelnde, respektlose Pferde. Statt also dem Pferd das Lecker-

Nicht nur die Perspektive wechseln – auch einmal die Rollen.

chen einfach so zu geben, sollten wir uns angewöhnen, dem Pferd zuvor eine Leistung abzuverlangen, sodass der Dreisatz „Kommando – Ausführung – Lob" wieder zum Tragen kommt. Dieses Kommando könnte sinnvollerweise ein Absenken des Kopfes sein, damit man das Pferd leichter aufhalftern kann. Auch folgender „Einsatz" ist tabu: Der Mensch gibt ein Kommando – und nichts passiert. Hier ist Konsequenz gefragt. Das Pferd muss reagieren. Dabei ist es wichtig, ein Kommando nie zweimal hintereinander in der gleichen Intensität zu geben. Dadurch macht man sich nur lächerlich. Der Mensch ist kein Papagei, der sich wiederholt, sondern eine Autorität. Und als solche wird das Kommando von Mal zu Mal intensiver und eindringlicher werden; so lange, bis die Reaktion erfolgt. Ein kleiner Tipp: Wer schon beim ersten Mal brüllt, hat sein Pulver bereits so gut wie verschossen. Er kann sich nur noch schwerlich steigern.

PÄDAGOGIK PRO SCHÜLER

Eltern, Lehrer, Erzieher und Pferdebesitzer sollten sich regelmäßig selbstkritisch nach der Motivation ihrer pädagogischen Bemühungen fragen. Geht es darum, dem Kind oder Pferd Fähigkeiten zu vermitteln, die ihm das Leben angenehmer, wertvoller und schöner machen? Oder geht es darum, selbst in einem guten Licht dazustehen? Möchte man in einer Show damit glänzen, dass sich das Pferd vor den Augen des Publikums hinlegt, oder geht es darum, dass das Pferd dem Menschen vertraut und sich sicher fühlt? Möchte man der Verwandtschaft gut erzogene, repräsentative Kinder vorzeigen oder Kinder mit den notwendigen Fähigkeiten, die ihr Leben zunehmend selbst in die Hand nehmen können?

    Meiner Meinung nach ist der ein guter Pädagoge, der seinem Schüler oder seinem Kind vermitteln kann, dass Selbstdisziplin im eigenen Interesse Chancen erhöht. Wer lernt, sein Taschengeld nicht zur momentanen Befriedigung für Süßigkeiten oder Fastfood auszugeben, kann sich nach einiger Zeit ein Fahrrad oder Mofa kaufen. Nur wer lernt, seine Gier zu zügeln, ist in der Lage, sein Leben selbstbestimmt zu leben und muss nicht zum Sklaven seiner momentanen Bedürfnisse und Triebe werden. Will man „mehr Schein als Sein" und möchte man alles sofort, jetzt und hier, dann wird man gierig. Gier ist jedoch der größte Feind der Freiheit. Gierige Menschen müssen borgen und geben dadurch anderen Menschen Macht über sich und verlieren so ihre Freiheit und Selbstbestimmung. Der Wunsch, anderen Menschen zu mehr Selbstbestimmung zu verhelfen, sollte Antrieb eines jeden pädagogischen Bemühens sein. Niemand sollte um seiner selbst willen erziehen, sondern stets zum Wohle des anderen. Erziehung sollte nichts mit Manipulation oder Dressur zu tun haben.

OHNE LOB NICHTS LOS

Die Art der Belohnung ist individuell sehr unterschiedlich und abhängig vom Adressaten. *Eine große Form der Belohnung ist die Pause.* Hat das Pferd eine neue oder schwierige Lektion zufriedenstellend ausgeführt, so höre ich augenblicklich auf. Ich lobe das Pferd, damit dem Pferd zweifelsfrei klar ist, dass sein gezeigtes Verhalten genau das war, was ich von ihm gewünscht habe. Eine Pause darf für ein Pferd natürlich nicht so aussehen, dass ich es in eine dunkle Box in Isolationshaft stelle. Stattdessen begleite ich mein Pferd zu einem Grasstück und leiste ihm beim Grasen Gesellschaft.

Stimme und Berührungen sind für Pferde ein angenehmes Lob. Dabei ist es nicht egal, was ich dem Pferd sage. Worte wie „fein", sind dem Sanktionswort „nein" zu ähnlich, und die hellen Vokale empfinden Pferde als unangenehm. Geeigneter sind Lobworte wie „brav" und „gut". Bei Berührungen sollte man auf die individuellen Vorlieben des Pferdes eingehen. Manche Pferde mögen fest gekratzt werden, manche mögen sanfte Berührungen. Pferde, die mit Berührungen unangenehme Erfahrungen gemacht haben, müssen erst langsam wieder daran gewöhnt werden.

Pferde sind die besseren Menschen
ES LOHNT SICH! – LERNEN

Lobende Berührungen können also nicht nach Schema F vergeben, sondern sie müssen individuell auf jedes einzelne Pferd abgestimmt werden. Pferde, die körperliche Berührungen besonders genießen, werden ausgiebig an ihren Lieblingsstellen gestreichelt. Pferde, bei denen die Liebe eher durch den Magen geht, erhalten ein Leckerchen in ihrer Lieblingsgeschmacksrichtung, und Pferden, die auf verbales Lob stehen, versichert man, dass sie das beste Pferd der Welt sind.

REGELN FÜR RICHTIGES FÜTTERN

Füttern als Belohnung wird von vielen Trainern zu Recht abgelehnt. Wer beim Füttern bestimmte Regeln außer Acht lässt, erzieht sich schnell ein aufdringliches Pferd. Allerdings benutzen alle Zirkustrainer dieser Welt Futter zur Belohnung. Viele schwierige Lektionen lassen sich ohne Futter gar nicht beibringen.

Ranghohe Pferde lassen sich niemals von einem rangniedrigeren Pferd das Futter wegnehmen. Wir müssen also beim Füttern darauf achten, dass uns das Pferd das Futter nicht einfach wegnimmt. *Wir müssen dem Pferd das Futter zuteilen.* Dazu halten wir unsere leere Hand ans Pferdemaul und geben aus der anderen Hand Futter in die leere. Wir lassen uns das Futter also nicht wegnehmen, sondern teilen dem Pferd das Futter zu. Eine andere, etwas schwierigere Methode: Wir halten Futter in der geschlossenen Hand und teilen mit dem Daumen dem Pferd das Futter Körnchen für Körnchen zu. Diese Methode eignet sich nur für respektvolle Pferde. Egal, mit welcher Methode wir dem Pferd Futter zuteilen, *wir füttern stets außerhalb unseres Individualbereichs!* Ein Test: Wir halten innerhalb unserer Individualzone Futter in der Hand und zeigen es dem Pferd. Giert das Pferd nach Futter und dringt in unseren Bereich ein? Oder hält es respektvoll Abstand und wartet?

REGELN FÜR RICHTIGES LOBEN

Belohnungen, gleich welcher Art, müssen unmittelbar nach der gewünschten Aktion erfolgen. Das Zeitfenster zur Verknüpfung „Aktion – Lob" beträgt maximal sieben Sekunden. Das Gleiche gilt selbstverständlich auch für Strafen. Deshalb ist das in vielen Reitschulen übliche „Aufmarschieren, absitzen, Pferde loben" wenig sinnvoll.

Folgende Situation: Ihr Pferd zeigt die gewünschte Reaktion, es senkt beispielsweise auf ihr Kommando hin den Kopf. Sie müssen sich die Nase putzen. Das Pferd stampft währenddessen einmal mit dem Fuß auf, schüttelt den Kopf und wackelt mit dem Ohr. Sie stecken das Taschentuch in die Hosentasche und loben ihr Pferd. Für das Pferd ist völlig klar: Mein Mensch möchte, dass ich mit dem Ohr wackele. Es wackelt mit dem Ohr und hofft auf weitere Belohnung. Doch die bleibt aus; für das Pferd völlig unverständlich. Das Pferd ist frustriert und wird diesen Frust je nach Temperament auch äußern. Jede Belohnung oder Strafe muss unmittelbar auf die Aktion folgen. Da müssen Naseputzen, Kopfkratzen, Handyanrufe und offene Schnürbänder warten. Loben hat Vorrang!

Aus diesem Grund ist Clickern eine sehr gute Methode. Das „Click" signalisiert dem Pferd unmittelbar: „Diese Aktion war gewünscht." Das „Click" kann meines Erachtens auch problemlos durch ein Lobwort wie „brav" ersetzt werden. „Click" oder „brav" sind sozusagen Versprechen auf die kommende Belohnung.

Zeitnahes Lob ist nicht nur für Pferde ein unbedingtes Muss. Es gilt auch für kleine Kinder und die meisten Männer.

Man sagt, der Mensch sei ein Gewohnheitstier; das Pferd ist es zum Glück auch. *Pferde gewöhnen sich an erwünschtes Verhalten.* Es wird zum Beispiel für sie selbstverständlich, brav neben einer Aufsteighilfe zu warten, bis ihr Reiter im Sattel Platz genommen hat. Leider führt das bei vielen Menschen dazu, dieses Verhalten nicht mehr zu belohnen. Doch richtig loben kann man gar nicht genug. Loben steigert die Motivation und: Loben macht auch den Lobenden zufrieden.

> Besser nicht schwäbisch loben:
> „Nicht gemeckert ist genug gelobt."

Bitte einmal kurz darüber nachdenken: Ist es nicht bedauerlich, dass wir fremde Menschen häufig loben und dies in der eigenen Familie eher sträflich vernachlässigen? Sollten wir uns nicht gerade bei einem Menschen, der uns nahesteht, viel mehr Mühe geben, als bei Menschen, die uns doch eigentlich weniger wichtig sind?

REGELN FÜR RICHTIGES KRITISIEREN

Bei kritikwürdigem Verhalten sollte man bei Menschen anders reagieren als bei Pferden. Menschen müssen nicht unmittelbar nach einem unerwünschten Verhalten kritisiert werden. Einem anderen Menschen gegenüber äußert man seine Kritik am besten unter vier Augen. Jeder Mensch hat das Recht, sein Gesicht wahren zu können. Wichtig: Kritik muss stets das Ziel haben zu bessern, Problemlösungen zu suchen und sollte möglichst eine bessere Alternative mitliefern. Kritik um der Kritik willen ist überflüssig und kontraproduktiv. Mit Kritik verhält es sich meiner Meinung nach wie mit der Wahrheit: Man sollte sie seinem Mitmenschen nicht wie einen nassen Lappen um die Ohren klatschen, sondern wie einen wärmenden Mantel hinhalten (nach Max Frisch). Manchen Menschen erscheint eine Notlüge wie ein wärmender Mantel. Sie möchten beispielsweise einem todkranken Menschen nicht die Hoffnung nehmen und verleugnen oder verharmlosen deshalb den Krankheitszustand. So nehmen sie dem Kranken jedoch auch die Möglichkeit, sich ehrlich über seine Situation, seine Ängste und Wünsche auszutauschen. Der Sterbende fühlt sich alleingelassen. Er sieht sich gezwungen zu schauspielern, seine Ängste und Nöte zu bagatellisieren, um sein Gegenüber nicht zu belasten. Eine Notlüge entspringt nicht selten der Not des Lügenden.

Das Leben ist kein Ponyhof – Konflikte

Ich verstehe dich einfach nicht
Über die Not-Wendigkeit, den Standort zu wechseln

Konflikte gehören zum Leben dazu. Der häufigste Grund für Konflikte sind ganz simple Missverständnisse. Es ist ein Irrglaube, dass unser Gegenüber wirklich das versteht, was wir sagen. So einfach funktioniert Kommunikation nicht, weder zwischen Mensch und Pferd, noch zwischen Mensch und Mensch. Für den Empfänger unserer Botschaft haben unsere Worte eine ganz andere Bedeutung. Wunderbare Beispiele solcher Missverständnisse finden wir in den Sketchen von Loriot wieder. Eine kleine Kostprobe:

SIE: Herrmann ...
ER: Ja ...
SIE: Was machst du da?
ER: Nichts ...
SIE: Nichts? Wieso nichts?
ER: Ich mache nichts ...
SIE: Gar nichts?
ER: Nein ...
SIE: Überhaupt nichts?
ER: Nein ... ich sitze hier ...
SIE: Du sitzt da?

Pferde sind die besseren Menschen
DAS LEBEN IST KEIN PONYHOF – KONFLIKTE

ER: Ja ...
SIE: Aber irgendwas machst du doch?
ER: Nein ...
SIE: Denkst du irgendwas?
ER: Nichts besonderes ...
SIE: Es könnte ja nicht schaden, wenn du mal etwas spazieren gingest ...
ER: Nein-nein ...
SIE: Ich bringe dir deinen Mantel ...
ER: Nein, danke ...
SIE: Aber es ist zu kalt ohne Mantel ...
ER: Ich geh ja nicht spazieren ...
SIE: Aber eben wolltest du doch noch ...
ER: Nein, du wolltest, dass ich spazieren gehe ...
SIE: Ich? Mir ist es doch völlig egal, ob du spazieren gehst ...
ER: Gut ...

(Text „Feierabend" entstammt aus: Loriot, Szenen einer Ehe in Wort und Bild, Diogenes Verlag 1986, S. 29 – 32)

Im wahren Leben können wir leider über Konflikte nicht immer lachen.

DAS PATENTREZEPT FÜR KONFLIKTE
Versuchen Sie, die Sichtweise Ihres Gegenübers einzunehmen.

Beharren wir auf unserem Standpunkt und unserer Sichtweise, so verhärten sich die Fronten und der Konflikt eskaliert. Eine Lösung rückt in weite Ferne. Denken wir daran: Der Kopf ist rund, damit unser Denken die Richtung ändern kann. Und: Wer einen festen Standpunkt hat, hat einen eingeschränkten Horizont.

> *Henry Ford wurde nach dem Geheimnis seines Erfolges gefragt: „Um Erfolg zu haben, musst du den Standpunkt des anderen einnehmen und die Dinge mit seinen Augen betrachten."*

Pferde sind die besseren Menschen
DAS LEBEN IST KEIN PONYHOF – KONFLIKTE

Brückenschlagen für ein harmonisches Miteinander.

Es ist sinnlos zu erwarten, dass ein Pferd unseren Standpunkt einnimmt und versteht. Das ist unsere Aufgabe. Wir müssen versuchen, so zu fühlen und so zu denken wie unser Pferd. Suchen wir die Ursache für Fehler erst einmal bei uns, anstatt auf den blöden Bock zu schimpfen, der uns nur veräppeln möchte. So kommen wir der Lösung des Konfliktes schon ein ganzes Stück näher.

An dieser Stelle ein Gedanke zu Fehlern. Hinter den allermeisten Fehlern steckt keine böse Absicht. Zahlreiche Fehler werden gemacht aufgrund von Ängsten, Blockaden und Unwissenheit. Meine Meinung: Fehler zu machen, ist kein Fehler. Doch man sollte sich bemühen, aus Fehlern zu lernen. Es ist erstrebenswert, nach Möglichkeit nicht permanent den gleichen Fehler zu wiederholen.

Sich in die Lage des anderen hineinzuversetzen, hat nichts mit Schwäche oder Inkonsequenz zu tun. Nur so kommen wir Konfliktlösungen näher. Versuche, unser Gegenüber durch Druck oder Überredung in unsere Richtung zu bewegen, sind zum Scheitern verurteilt. Niemand, weder Pferd noch Mensch, mag sich in eine Richtung bewegen, die ihm sinnlos, falsch oder gar gefährlich erscheint.

KLAR UND DEUTLICH (PFERDE-)FLÜSTERN

Ein wesentlicher Grund für Missverständnisse, aus denen Konflikte erwachsen, ist die Annahme, unser Partner müsse wissen, was wir meinen. Dabei ist gleichgültig, ob der Partner zwei oder vier Beine hat. Wenn wir ihm nicht auf eine für ihn verständliche Art und Weise mitteilen, was wir möchten, dann hat er davon keinen blassen Schimmer. Wichtig: Wir müssen es so sagen, dass unser Partner es verstehen kann. Wir wählen nicht nur die Landessprache, die unser Gegenüber versteht, wir achten auch bei unserer Wortwahl darauf, dass sie dem Erfahrungshorizont des Gesprächspartners entspricht, und während des gesamten Gesprächs versuchen wir stets, dem anderen unsere Wertschätzung deutlich werden zu lassen. Mit einem Pferd sprechen wir folglich „Pferdisch", loben und tadeln es mit bekannten Stimmkommandos und auch körpersprachlich, damit es uns versteht. Bezeichnungen wie „alter Bock" und „blöder Zosse" verbieten sich aufgrund der Wertschätzung, die ich Pferden gegenüber empfinde, von selbst.

Pferde sind die besseren Menschen
DAS LEBEN IST KEIN PONYHOF – KONFLIKTE

Ein Mann und eine Frau bummeln durch die Innenstadt: „Schatz, dieser Ring ist aber schön!" Woher soll der Mann wissen, dass seine Frau in Wirklichkeit meint: „Dieser Ring soll schön verpackt unterm Tannenbaum liegen." Oder: Wir möchten, dass unser Pferd ein Kompliment macht. Wir können uns neben das Pferd stellen, und „Kompliment" sagen, bis wir schwarz werden. Unser Pferd versteht lediglich Bahnhof. Wir müssen unserem Pferd die Aufgabe „Kompliment" in viele kleine Teilschrittchen zerlegen, die es verstehen kann. Bekommt es für jede Bewegung in die gewünschte Richtung Lob und Anerkennung, wird es die Aufgabe schnell verstehen und uns das Gewünschte schenken.

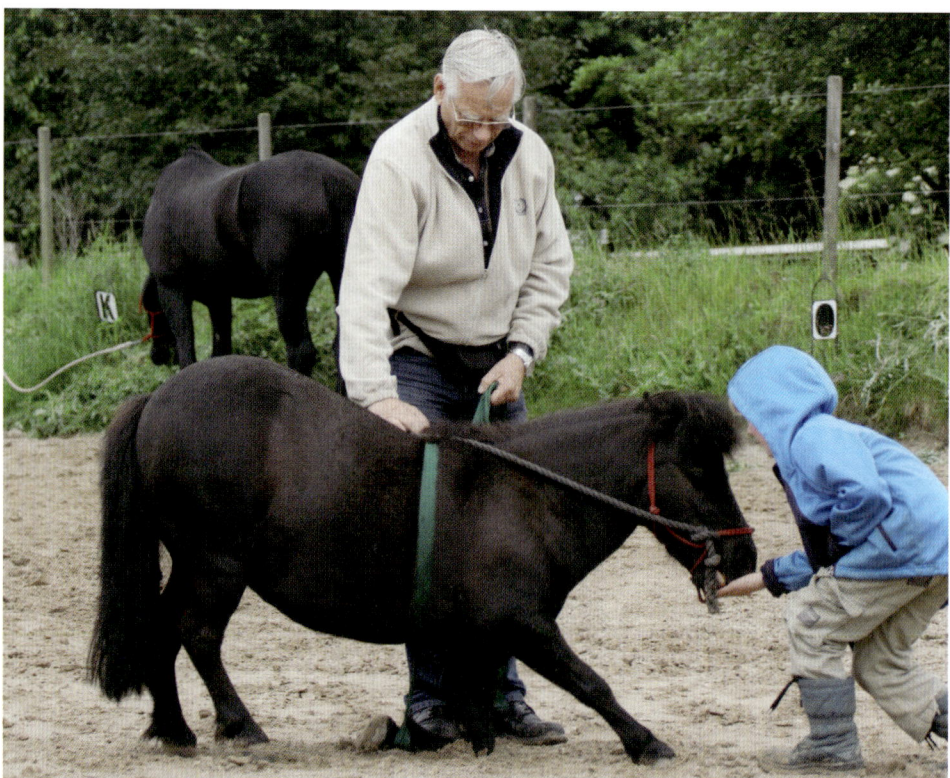

Die Fußlonge richtig angewandt ist ein pferdefreundliches Hilfsmittel. Der richtige Umgang will gelernt sein. Trainer zeigen, wie es geht.

ICH VERSTEHE ANDERS, WEIL ICH ANDERS BIN

In manchen Punkten unterscheiden sich Mensch und Pferd. Auch das führt zu Missverständnissen und Konflikten.

Liebende Menschen werden nicht müde, sich stundenlang in die Augen zu schauen. Dies ist Ausdruck größter Innigkeit. Sonst ist ein „Sich-in-die-Augen-Sehen" stets die Vorstufe zu einer aggressiven Handlung. Egal wie sehr ein Pferd Sie liebt: Für ein Pferd ist es immer bedrohlich, wenn man ihm direkt in die Augen schaut. Es ist also völlig widersinnig, ein Pferd zu sich zu rufen und ihm dabei in die Augen zu blicken. Viele Verladeprobleme haben hier ihren Ursprung: Der Mensch schaut das Pferd direkt an und versucht, es mit einem freundlichen Lächeln zu sich auf den Hänger zu ziehen. Die Situation ist für ein Pferd absolut unverständlich. Es soll dahin, wo doch sein Chef den Platz für sich beansprucht, der ihn zudem bedrohlich anschaut und sein Raubtiergebiss entblößt. Pferde lächeln nicht. In der Welt eines Pferdes werden Zähne nicht freundlich, also zum Lächeln gezeigt. Der Hengst entblößt die Zähne, bevor er sie als Waffe zum Einsatz bringt. Der Wolf entblößt vielmehr seine Zähne kurz bevor er dem Pferd an die Gurgel springt. Keinem Pferd ist es zu verübeln, dass es lieber den Rückzug antreten möchte.

ERSTE (ODER AUCH ZWEITE) HILFE IN KONFLIKTFÄLLEN

Bei Missverständnissen und Konflikten im zwischenmenschlichen Bereich ist es hilfreich, sein Gegenüber zu bitten, in eigenen Worten das Verstandene wiederzugeben. Es ist manchmal sehr erstaunlich, welche Differenzen sich hier auftun. Außerdem ist es eine große Hilfe, sich während eines Konfliktgespräches die Hand zu reichen. Solange Menschen einander die Hand halten, können sie den anderen auch verbal nicht verletzen. Ist es einem Partner nicht mehr möglich, die Hand des anderen zu halten, so sollte man das Gespräch unterbrechen und auf einen späteren Zeitpunkt vertagen.

Ein Streit verliert an Brisanz, wenn wir uns vorstellen, wir sähen genau diesen Streit in einer Vorabendserie im Fernsehen. Schaffen wir es, den Konflikt, unser eigenes Verhalten und das unseres Kontrahenten aus der Distanz zu betrachten, so wird uns oft die Lächerlichkeit der Situation bewusst. Laut und herzhaft lachen ist ein guter erster Schritt zur Deeskalation.

UNGEAHNTE MÖGLICHKEITEN: FRUST UND ÄRGER

Kein Mensch hat immer gute Laune. Wir ärgern uns über den Chef, das schlechte Wetter, den Lärm unserer Nachbarn, die hohen Spritpreise und den Hundehaufen im Vorgarten. Es gibt viele Gründe, sich zu ärgern. Zum Glück sind wir niemals dazu verpflichtet. Wenn wir keine Gelegenheit haben, unseren Ärger an Ort und Stelle mit dem Verursacher des Ärgers zu klären, dann staut sich der Ärger ungesund an. Er wächst und wächst. Nicht selten dient uns die eigene Familie oder unser Pferd als Frustableiter. Dazu sollten wir es möglichst nicht kommen lassen! Wenn wir spüren, dass sich Ärger in uns aufstaut, dann hilft körperliche Betätigung. Wir müssen das Adrenalin in unserem Körper abbauen, um wieder ins Gleichgewicht zu kommen. Wenn wir so richtig gefrustet und sauer sind, dann hilft joggen, Holzhacken, ein langer Spaziergang oder Boxen misten. Das macht den Kopf frei für neue Gedanken und Gefühle, baut den Stress ab und ist auf jeden Fall besser als die gute Beziehung zu unseren zwei- oder vierbeinigen Partnern aufs Spiel zu setzen.

Manchmal nehmen wir unseren Ärger auch mit ins Bett. Dann wälzen wir uns hin und her, können schlecht einschlafen und haben unschöne Träume. Am nächsten Tag wachen wir wie gerädert auf und haben meist noch schlechtere Laune. Dagegen hilft es, sich beim Einschlafen drei positive Eigenschaften des Kontrahenten vor Augen zu führen. Drei positive Eigenschaften besitzt jeder Mensch! So stimmen wir uns milde, schlafen besser und starten mit positiverer Grundstimmung in den neuen Tag.

Ärgern Sie sich beispielsweise über die lange Schlange an der Supermarktkasse? Die Kassiererin hat heute ihren ersten Arbeitstag, die Frau vor Ihnen hat Mühe beim Abzählen des Kleingelds, und ihr Kleinkind schmeißt sich vor Wut auf den Boden, da es keinen Schokoriegel bekommt. Und als Sie endlich an der Reihe sind, vertippt die Kassiererin sich sofort beim ersten Artikel und ruft „Storno". Betrachten Sie das Ganze als Charakterschule oder auch als „Reitstunde". Sie üben sich in Geduld und Freundlichkeit. Dank dieses kostenlosen Geduld- und Freundlichkeitstrainings werden Sie auch Ihrem Pferd freundlich und geduldig begegnen, und ihm die Zeit lassen, die es zum Lernen braucht. Blaffen Sie hingegen die Kassiererin an und teilen am besten auch noch der Frau vor Ihnen mit, was Sie von ihrem verzogenen Blag halten, dann wird wahrscheinlich auch das Zusammensein mit Ihrem Pferd wenig harmonisch werden.

Wir können uns nicht zweiundzwanzig Stunden am Tag verhalten wie ein Wolf und am Pferdestall für zwei Stunden auf „Lamm" umschalten. Viele auf den ersten Blick ärgerliche Situationen sind ein wunderbares Übungsfeld, unsere Friedtiernatur in uns zu kultivieren.

„Achte auf deine Gedanken, denn sie werden deine Worte!
Achte auf deine Worte, denn sie werden deine Taten!
Achte auf deine Taten, denn sie werden deine Gewohnheiten!
Achte auf deine Gewohnheiten, denn sie werden dein Charakter!
Achte auf deinen Charakter, denn er wird dein Schicksal!"
Jüdischer Talmud

Sind Pferde die besseren Menschen?

Pferde sind Tiere, Menschen sind Menschen. Über diesen Unterschied wurde bereits viel gestritten, diskutiert und philosophiert. Die Gedanken und Diskussionen sind spannend und anregend. Ich maße mir aber nicht an, ein eindeutiges, dogmatisches Ergebnis zu vertreten. Mit jeder Antwort, die ich bekomme, tun sich weitere Fragen auf. Durch meine Beobachtungen von Menschen und Tieren komme ich zu folgendem Fazit: Wir Menschen haben keinen Grund zur Überheblichkeit! Ein wenig Demut stünde uns gut zu Gesicht und wäre im wahrsten Sinne des Wortes Not-wendig. Statt uns über Tiere zu erheben, sollten wir lieber schauen, was wir von Tieren lernen können. In puncto Friedfertigkeit haben uns Pferde sehr viel voraus! Und deshalb sind sie für mich in gewisser Weise die „besseren Menschen". Sie zeigen uns ein Leben ohne Lüge, Betrug und Täuschung.

Pferde geben uns noch mehr: Sie sind nicht nur die besseren Menschen, sie bieten uns die Chance an, durch sie zu besseren Menschen zu werden. Der Umgang mit Pferden ist die beste Charakterschule der Welt. Wer mit Pferden umgehen möchte, muss seine Raubtiernatur beherrschen und seine Friedtiernatur immer mehr entfalten. Pferde verlangen von uns, dass wir ehrlich mit ihnen umgehen. Sie durchschauen unsere Lügen, (Selbst-)Betrugsversuche und Täuschungen innerhalb von Bruchteilen einer Sekunde. Agieren wir als Raubtier, dann können wir Pferde lediglich beherrschen und unterdrücken, niemals aber Freundschaft und Partnerschaft mit ihnen erleben.

Pferde sind die besseren Menschen
SIND PFERDE DIE BESSEREN MENSCHEN?

Friedtiere sind keine Duckmäuser. Pferde erziehen uns zu Selbst- und Verantwortungsbewusstsein. Pferde suchen unseren Schutz, wir sind für sie verantwortlich. Wir müssen sie in jeder Situation beschützen. Nicht, indem wir den „großen Max" markieren; diese Täuschung durchschauen Pferde sofort. Mentale Stärke ist gefragt. Diese Stärke lässt uns nicht nur für unser Pferd ein guter Beschützer werden, sondern auch für andere Menschen.

An dieser Stelle danke ich allen Pferden, die mir geholfen haben (und immer noch helfen), selbstbewusster, verantwortungsvoller, aufrechter, selbstsicherer, einfühlsamer, geduldiger, höflicher, lobender, systematischer, liebevoller, dankbarer durchs Leben zu gehen. Ihr helft mir und anderen dabei, zu besseren Menschen zu werden und macht so das Leben noch wertvoller.

Ein Dank an alle Menschen, die zu der Realisierung dieses Buches beigetragen haben. Dieses Buch ist mir immer mehr zu einer Herzensangelegenheit geworden.

Pferde sind die besseren Menschen

PETER DEICKE

PETER DEICKE
(GEB. 8.11.1930 IN MAGDEBURG)

Pferde haben mich von Kindesbeinen an in ihren Bann gezogen. Ich bin sozusagen im Pferdestall groß geworden. Mit dreizehn Jahren erhielt ich meinen ersten Reitunterricht bei Kavallerieausbildern. Mit vierzehn Jahren war ich im Besitz des Reit- und Fahrscheins. Ich habe mich in jedem Sattel zu Hause gefühlt, bin Rennen, Western und Dressur geritten und gesprungen. Ich habe stets Unterricht genommen und habe Trainern aller Sparten viel zu verdanken. Ganz besonders habe ich stets genossen, mit meinen Pferden auf langen Wanderritten unterwegs zu sein. Ich genieße es, mit Pferden Spaß zu haben: Zirkuslektionen und Spielereien mit Pferden begeistern mich.

Ich war als Reiter und neugieriger Beobachter in allen fünf Erdteilen. Aus jedem fremden Land durfte ich Erfahrungen mit nach Hause nehmen, die meinen Umgang mit Menschen und Pferden bereichert haben.

Mein Herz schlägt besonders für arabische Pferde, die ich auch jahrelang erfolgreich gezüchtet habe. Ich besitze und liebe aber Pferde jeder Rasse: Vom Kaltblut bis zum Zwergpony.

Seit über fünfzehn Jahren gebe ich bundesweit und im Ausland Kurse zum Thema „Kommunikation Pferd – Mensch". In diesen Kursen geht es mir in erster Linie nicht darum, dass Pferde bestimmte Lektionen erlernen, sondern dass Pferd und Mensch sich verstehen lernen. Und besonders freue ich mich darüber, wenn das Verständnis „Pferd – Mensch" sich auch auf ein besseres zwischenmenschliches Verständnis ausweitet.

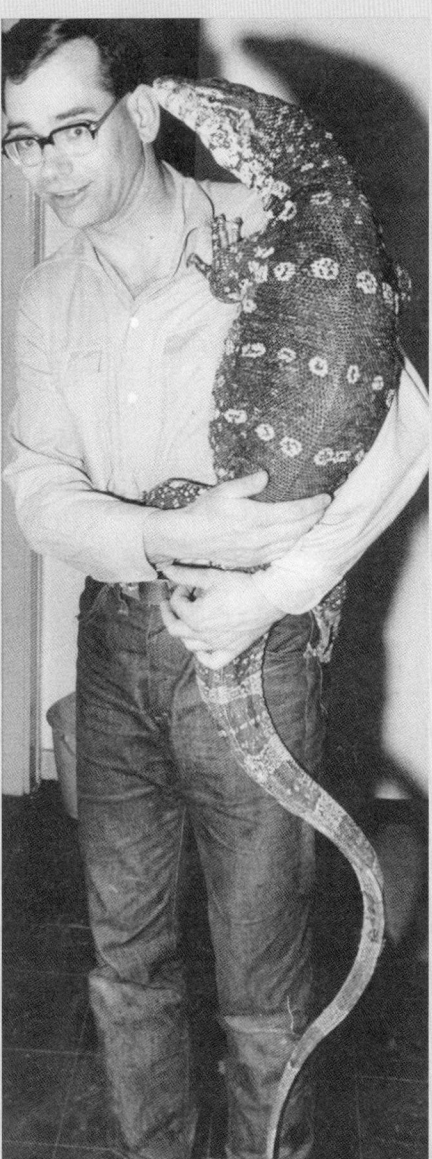

Nicht nur Pferde, auch andere Tiere haben Peter Deicke schon immer begeistert.

Auf dem Weg zum Nordpol.

Pferde sind die besseren Menschen
PETER DEICKE

In meinen Kursen kommen mir mein Studium der Psychobiologie, meine Tätigkeit als selbstständiger Sportlehrer (Tanzen, Fechten, Judo), meine Ausbildung beim Kinderschutzbund zum „Problemberater" und meine Erfahrungen in der Tierdressur zugute. Für Film und Fernsehen habe ich mit verschiedensten Tieren, vom Kamel über Schweine bis hin zu Mäusen, gearbeitet. Es gibt kaum eine Tierart, die mir fremd ist. In meinem Haus lebten bereits ein gezähmter Wolf, Krokodile, Affen und verschiedene Arten von Raubkatzen; Letztere sogar als Experiment für mehrere Monate in meinem Schlafzimmer.

Bei meinen Showauftritten in Deutschland, den Niederlanden, Österreich, der Schweiz und Ägypten ging es mir nie um Effekthascherei. Ich wollte den Menschen zeigen, dass es im Miteinander von Pferd und Mensch kaum Grenzen gibt.

Wenn ich nicht zu Kursen unterwegs bin, schlüpfe ich gerne in die Rolle des Zauberers, Puppenspielers oder Clowns. Oder ich gehe in meinem Familienpark in Sottrum in das „Labyrinth des Glücks". Ich habe die Hoffnung nicht aufgegeben, mit Hilfe der Weisen dieser Welt endlich etwas weiser zu werden.

Pferde sind die besseren Menschen
PETRA HERRMANN

Petra Herrmann
(geb. 30.1.1966)

Durch meine Tätigkeit als freie Journalistin für verschiedene Pferdemagazine habe ich Peter Deicke beim Jahresseminar zum Thema „So ein Zirkus" kennengelernt. Seine Darbietungen mit seinem Pony Rocky haben mich total begeistert. Als ich 2011 zum ersten Mal für die Benefizveranstaltung „Super! – Pferd macht's möglich" auf der Suche nach Jurymitgliedern war, gab es für mich keinen Zweifel: Peter Deicke muss in der Jury sitzen. Auch für Peter Deicke gab es keinen Zweifel: Er sagte sofort zu. Und so kam es zu unserem ersten persönlichen Kontakt. Am Veranstaltungstag selbst bot sich leider keine Möglichkeit zu längeren Gesprächen, und so lud Peter Deicke meinen Mann und mich in seinen Familienpark nach Sottrum ein.

Diese Einladung haben wir nicht auf die lange Bank geschoben, sondern bereits in der nächsten Woche in die Tat umgesetzt. Um 14 Uhr haben wir uns in dem kleinen Restaurant des Parks getroffen. Plötzlich war es stockdunkel und kalt – es war 22 Uhr. Wir haben uns so gut unterhalten, dass die Zeit buchstäblich wie im Flug verging und uns Stunden wie Minuten erschienen. Meine spontane Reaktion: „Peter! Das darf der Nachwelt nicht verloren gehen. Darf ich ein Buch darüber schreiben?" Peter stimmte unter einer Bedingung zu: „Du darfst dafür aber auf keinen Fall Unkosten haben. Wenn du einen Verlag findest, der das Buch veröffentlichen möchte, dann darfst du gerne schreiben." Peter räumte dem Projekt wenig Hoffnung ein. Er wusste von einigen Bekannten, wie schwer sich die Suche nach einem Verlag gestalten kann. Ich war mir allerdings von Anfang an ziemlich sicher, die richtige Adresse im Hinterkopf zu haben: Den Wu Wei Verlag.

Pferde sind die besseren Menschen
PETRA HERRMANN

Mit Verlagschefin Isabella Sonntag hatte ich auf verschiedenen Pferdemessen bereits einige anregende Gespräche geführt, und so rief ich sie direkt am nächsten Tag an und brachte mein Anliegen vor. Sie sagte umgehend zu. „Da habe ich ein gutes Bauchgefühl", so lautete ihr Kommentar.

Ich habe meine spontane Idee, ein Buch mit Peter Deicke zu schreiben, nie bereut. Die gemeinsame Arbeit macht einfach nur Freude und bereichert mein Leben.

Wenn ich nicht schreibe, genieße ich die Zeit mit meinem Mann, meinen drei Töchtern, meinen Freunden, meinen Pferden, Hunden, Katzen und anderen Tieren. Ich bin unendlich dankbar dafür, so leben zu dürfen, wie ich lebe.

SCHLUSSWORT
Auf geht's

Meinen Kritikern möchte ich mit einem Spruch von Karl Valentin Recht geben:
„Sicher ist, dass nichts sicher ist. Selbst das nicht!"

ANMERKUNG

Eine Anmerkung zu verwendeten Begriffen: Die Schwierigkeit, ein Buch über Tiere zu schreiben, liegt unter anderem darin, dass wir dazu die menschliche Sprache verwenden müssen. Unsere Sprache kann tierisches Verhalten aber nur unzureichend beschreiben, denn unsere Sprache wertet. Mir ist bewusst, dass Begriffe wie „lügen, betrügen und täuschen" oder „Todesangst" nur eingeschränkt geeignet sind, um das Verhalten und das Empfinden von Tieren zu beschreiben. Bewusstes Lügen und Betrügen ist dem Menschen vorbehalten; Tiere handeln instinktiv. Deshalb sind moralische Verurteilungen von Tieren völlig deplaziert und fern meiner Absichten. Inwieweit ein Pferd die existenzielle Angst beim Angriff durch ein Raubtier als Todesangst empfindet, kann und mag ich nicht beurteilen.

Der Begriff „Friedtier" beschreibt selbstverständlich nur einen Teilaspekt des Wesens Pferd. Pferde sind ebenso Flucht- und Herdentiere wie Pflanzenfresser. Viele Raubtiere leben in sozialen Gefügen, in denen sie um ein soziales Gleichgewicht bemüht sind. Dennoch verwende ich bestimmte Begriffe und lege den Schwerpunkt auf Einzelaspekte, um Unterschiede gezielt herauszustellen, um Gedankenanregungen zu geben und weil es beim Verfassen von Büchern nun einmal keine Alternative zum geschriebenen Wort gibt.

KLEINES LEXIKON DER FACHBEGRIFFE

Wir haben uns bemüht, ein Buch zu schreiben, das nicht nur Pferdefreunde gerne lesen. Deshalb haben wir versucht, auf „Fachchinesisch" so weit wie möglich zu verzichten. Es ist uns nicht durchgängig gelungen.

DESHALB AN DIESER STELLE EINE KLEINE ÜBERSETZUNGSHILFE:

Von **DURCHPARIEREN** spricht man, wenn der Reiter das Pferd langsamer werden lässt oder er es anhält.

ANREITEN hat zwei Bedeutungen: Zum einen meint es das schlichte Losgehen des Pferdes unter dem Reiter, zum anderen spricht man von anreiten, wenn ein Pferd es lernt, einen Reiter auf seinem Rücken zu tragen.

Beim Reiten trägt das Pferd eine **TRENSE** am Kopf. Mit Hilfe der Trense werden das Gebiss, also das Metallstück, das das Pferd im Maul hat, und die Zügel befestigt.

Am **HALFTER** wird ein Strick befestigt, sodass das Pferd von „A" nach „B" geführt werden kann. Ein **KNOTENHALFTER** ist ein Halfter, das aus einem relativ dünnen Seil gefertigt wurde. Es ist an bestimmten Stellen geknotet. Diese Knoten und das dünne Seil spürt das Pferd sehr deutlich, wenn der Mensch am Führstrick zieht oder das Pferd zur Seite springt.

Das Anlegen des Halfters am Pferdekopf nennt man **AUFHALFTERN**.

Pferde sind die besseren Menschen
KLEINES LEXIKON DER FACHBEGRIFFE

Wenn der Reiter die **ZÜGEL ANNIMMT,** verkürzt er die Zügel, sodass er mit Hilfe des Zügels einen weichen Kontakt zum Gebiss im Pferdemaul hat oder er nimmt die Ellenbogen zurück, sodass mehr Zug am Gebiss entsteht.

Man spricht davon, dass ein Pferd **BÜGELT,** wenn die Pferdebeine sich beim Laufen nicht nur nach vorn, sondern auch leicht seitlich bewegen.

VERLADEN meint, wenn ein Pferd in einen Transporter/Hänger geführt wird.

Wenn Pferdemenschen von **FAHREN** sprechen, meinen sie, dass Pferde eine Kutsche ziehen.

Ein Pferd wird **VOM BODEN GEFAHREN,** wenn ein Mensch mit langen Zügeln in der Hand hinter dem Pferd hergeht und es von dieser Position aus lenkt. Das **FAHREN VOM BODEN** ist unter anderem ein Teil der Ausbildung eines Fahrpferdes.

Der **WIDERRIST** ist der Übergang vom Hals zum Rücken. Er ist bei Pferden meist leicht erhöht. Am **WIDERRIST** wird die Größe eines Pferdes gemessen, denn er ist der höchste Punkt des Pferderückens.

Ein **CAROTSTICK** ist eine Art Peitsche. Sie ist orange (deshalb „Carot") und wurde von Pferdeausbilder Pat Parelli entwickelt. Übersetzt heißt er „Karotten-Stab".

Ein Pferd **VERWIRFT** sich, wenn es beim Reiten seinen Kopf schief hält.

Wenn **„DIE HINTERHAND NICHT NACHKOMMT",** ist damit gemeint, dass das Pferd mit seinen Vorderbeinen deutlich mehr Aktion zeigt als mit seinen Hinterbeinen. Die Hinterhufe werden nur wenig angehoben, die Hufe werden fast durch den Sand gezogen. Das Pferd „schlurft" hinten. Im natürlichen Bewegungsablauf werden die diagonalen Beinpaare stets parallel bewegt.

IMPRESSUM

Bibliografische Information der Deutschen Nationalbibliothek
Die Deutsche Nationalbibliothek verzeichnet diese Publikation in der Deutschen Nationalbibliografie; detaillierte bibliografische Daten sind im Internet über http://dnb.d-nb.de abrufbar.
ISBN: 978-3-930953-87-5

Autoren: Peter Deicke & Petra Herrmann
Herausgeber: Isabella Sonntag, www.wu-wei-verlag.com

Fotos:
Kathrin Hester, www.fotodesign-hester.de: Seite 4, 18, 19, 25, 28, 40, 42, 45, 47, 51, 62, 69, 73, 75, 78, 80, 103, 105
Petra Herrmann, www.lisa-herrmann.de: Seite 31, 37, 49, 86, 90, 92
Christina Wunderlich: Seite 7, 57, 59, 97
Gabi Schürmann: Seite 14
Britta Kowalski: Seite 101

Zeichnungen:
Waldemar Hejduk

Leider lassen sich bei den älteren Fotos nicht mehr alle Bildquellen vollständig ermitteln. Der Fotonachweis wurde nach bestem Wissen und Gewissen erstellt. Falls wir es versäumt haben, Fotografen zu nennen oder die Angaben fehlerhaft sind, bitten wir um Entschuldigung und Kontaktaufnahme mit dem WuWei Verlag zur Einarbeitung dieser Daten in einen späteren Nachdruck.

Art Direktion: Christine Orterer, www.christine-orterer.de
Lektorat: Hildegard Leyendecker, Memmingen
Druck: Finidr, s.r.o., Czech republik

© 2012 Wu Wei Verlag, 86938 Schondorf, www.wu-wei-verlag.com
Alle Rechte vorbehalten, ISBN: 978-3-930953-87-5, printed in Czech republik, 2012

Weitere Bücher aus dem Wu Wei Verlag

Willkommen bei Wu Wei

Der Wu Wei Verlag legt größten Wert auf absolut authentische Autoren, die sich in ihrem Fachgebiet durch überdurchschnittliches Wissen auszeichnen.

Der Verlagsname „Wu Wei" stammt ursprünglich von dem chinesischen Philosophen Laotse. Er steht für die Kunst des „Weglassens".

Das taoistische Prinzip Wu Wei bedeutet, durch „Nichttun" zum „Tun" zu gelangen – ohne unnützen Eifer, falschen Ehrgeiz und eigenwillige Absichten.

Isabella Sonntag

DER HAUCH VON EWIGKEIT –
Reiten als Weg in eine andere Dimension

von Manuel Jorge de Oliveira
ca. 200 Seiten, 17,0 x 24 cm, Hardcover
ISBN 978-3-930953-85-1
Preis: 29,95 Euro (D)

Dieses Buch gibt ein Leben wieder, das über eine Biografie hinaus den Weg zum Reiten als eine Straße in eine andere Dimension des Lebens aufzeigt. Fesselnd, spannend, inspirierend, authentisch.

AM LANGEN ZÜGEL
Die Krönung der Ausbildung

von Saskia Gunzer und Nicole Künzel
200 Seiten, 21 cm x 26 cm, Hardcover
ISBN 978-3-930953-69-1
Preis: 28,80 Euro (D)

Mit diesem Fachbuch erscheint erstmalig ein Werk, welches sich ausschließlich mit der Krönung der Ausbildung, der Arbeit am Langen Zügel beschäftigt: von der korrekten Vorbereitung des Pferdes auf den Langen Zügel und den ersten Schritten hinter dem Pferd spannt es einen Bogen bis hin zu den Lektionen der Hohen Schule.

Weitere Bücher aus dem Wu Wei Verlag

DIE KRAFT DER VERBINDUNG

Frédéric Pignon / Magali Delgado

Erscheint im März 2013

ISBN 978-3-930953-66-0
Preis: 39,90 Euro (D)

Nach dem Bestseller „Achtung, Respekt, Würde" nun der Nachfolger, der mit phantastischer Fotografie von Gabriele Boiselle tief in die Welt der wahren Verbindung zwischen Mensch und Pferd einführt.

Auch als Hörbuch erhältlich

ACHTUNG, RESPEKT, WÜRDE
Goldene Trainingsprinzipien der Pferdeausbildung

von Magali Delgado/Frédéric Pignon
222 Seiten, 26,5 cm x 21,5 cm, Hardcover

Buch ISBN: 978-3-930953-58-5
Buch Preis: 26,80 Euro (D

Hörbuch ISBN: 978-3-930953-76-9
Hörbuch Preis: 19,90 Euro (D)

DIE GESCHICHTE EINER LEIDENSCHAFT

von Frédéric Pignon und Magali Delgado

Länge: 60 Min.

ISBN 978-3-930953-74-5
Preis: 29,90 Euro (D)

Dieses Buch ist keine Biographie, sondern vielmehr eine genaue Wiedergabe der Philosophie und Trainingsmethoden von Frédéric Pignon und Magali Delgado. Vor ihrem Auftritt im Rahmen des gefeierten „Pferdevarietés" CAVALIA hatten nur wenige von uns jemals derartige Fähigkeiten und Instinkte miterlebt, über die diese beiden außergewöhnlichen Pferdemenschen verfügen.